Chico Xavier

com você

EDIÇÃO: VINHA DE LUZ - Serviço Editorial
Departamento Editorial da Casa de Chico Xavier de Pedro Leopoldo
Av. Álvares Cabral, 1777 | 20º andar | Sala 2006
Santo Agostinho | 30170-001 | Belo Horizonte | MG
(31) 2531-3200 | 2531-3300 | 3517-1573
www.vinhadeluz.com.br | informacoes@vinhadeluz.com.br
www.casadechicoxavier.com.br | informacoes@casadechicoxavier.com.br

COORDENAÇÃO EDITORIAL
Carlos A. Baccelli | Célia Maria de Oliveira Soares | Geraldo Lemos Neto

CAPA
Thiago Panegassi Lopes de Campos

IMAGEM DA CAPA
Acervo pessoal de Antônio Roberto Fontana

PROJETO GRÁFICO | DIAGRAMAÇÃO | REVISÃO TÉCNICA
Célia Maria de Oliveira Soares

IMAGENS DA DEDICATÓRIA
http://www.redealeluia.com.br/uploads/image/img-uberaba.jpg
http://agenciat1.com.br/vale-logistica-integrada-investira-r180-mi-em-uberaba/

1ª edição - junho 2013 | 2.000 exemplares
2ª edição - novembro 2013 | 2.000 exemplares

Dados Internacionais de Catalogação na Publicação (CIP)
(Câmara Brasileira do Livro, SP, Brasil)

Baccelli, Carlos A.
    Chico Xavier com você / Carlos A. Baccelli - -
2. ed. - - Belo Horizonte : Vinha de Luz, 2013.

    1. Espiritismo 2. Mensagens 3. Otimismo
4. Xavier, Francisco Cândido, 1910 - 2002
I. Título

13-11998   CDD - 133.93

Índices para catálogo sistemático :

1. Mensagens espíritas : Espiritismo 133.93

Chico Xavier

com
você

Carlos A. Baccelli

VINHA
DE LUZ

Belo Horizonte
2013

Dedicatória

À cidade de Uberaba,
nosso preito de eterno
amor e gratidão.

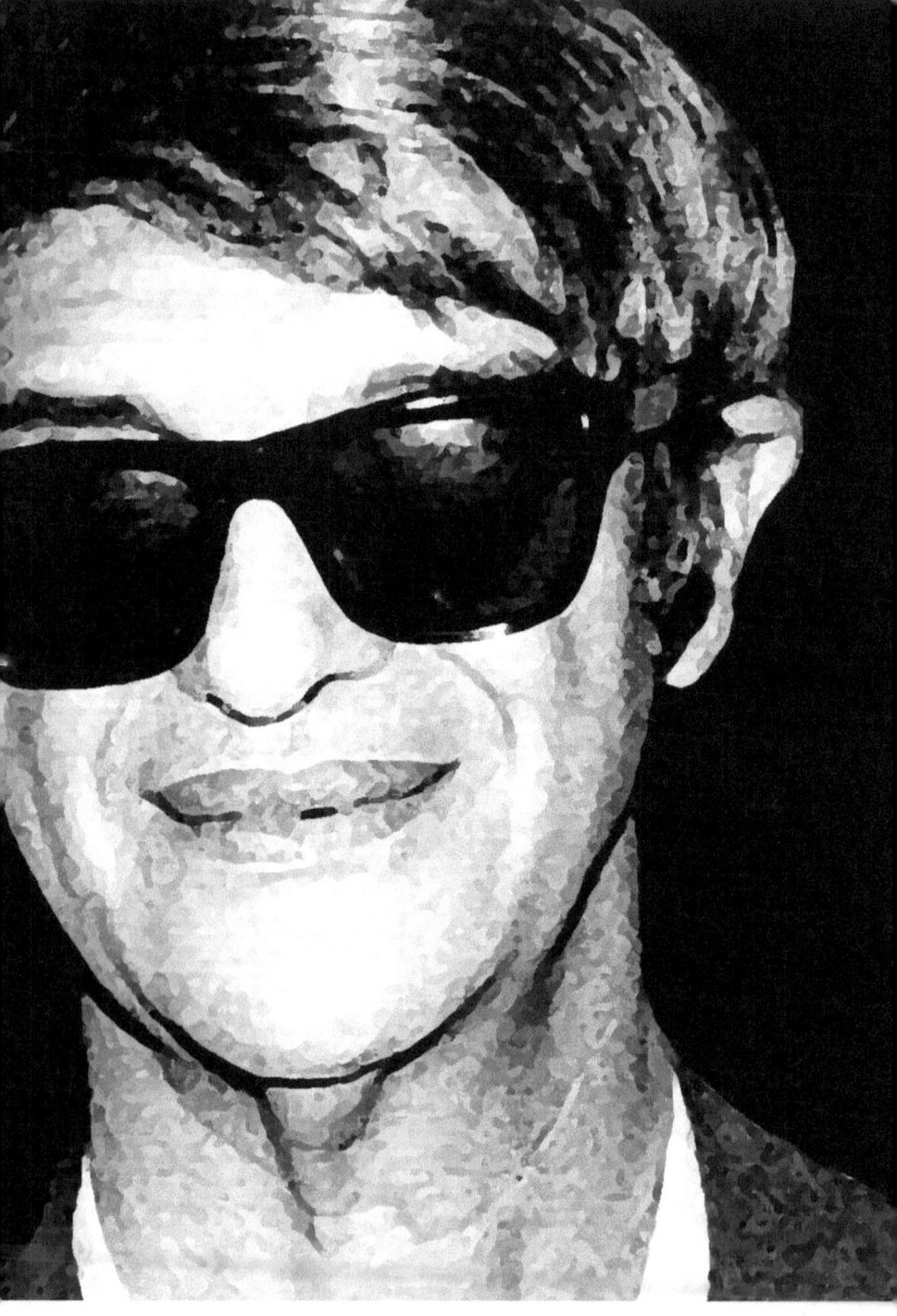

Apresentação

■ ■ ■

Chico, mais que médium, era sábio. Em seus lábios, tanto ecoavam lições dos espíritos amigos quanto ensinamentos de sua própria autoria. Difícil mesmo estabelecer um limite, sabendo o que era dos espíritos e o que pertencia a ele. Tenho plena convicção de que, não raro, ele atribuía a Emmanuel, e a outros benfeitores, o que provinha de seu próprio espírito iluminado – pérolas da mais profunda sabedoria espiritual!

Aqui, nestas páginas, garimpando em obras de nossa autoria biografando o inesquecível medianeiro, como também em revistas e periódicos antigos, organizamos uma coleção de pérolas que, temos certeza, não figuram em nenhuma outra coleção do mundo.

O tempo todo, na tarefa do garimpo efetuado, eu me recordava da parábola da pérola preciosa, contada por Jesus: *"O reino dos céus é também semelhante a um que negocia e procura boas pérolas; e tendo achado uma pérola de grande valor vendeu tudo o que possuía e a comprou".*[1]

Não tenha, pois, leitor amigo, qualquer dúvida: com este abençoado livro, você está de posse de um tesouro de valor incalculável, que fará de você uma das pessoas mais ricas entre todos os homens!

Carlos A. Baccelli

Uberaba, 30/11/2012.

⊞ ⊞ ⊞

---

[1] Mateus, 13: 45-46.

com você

Chico Xavier

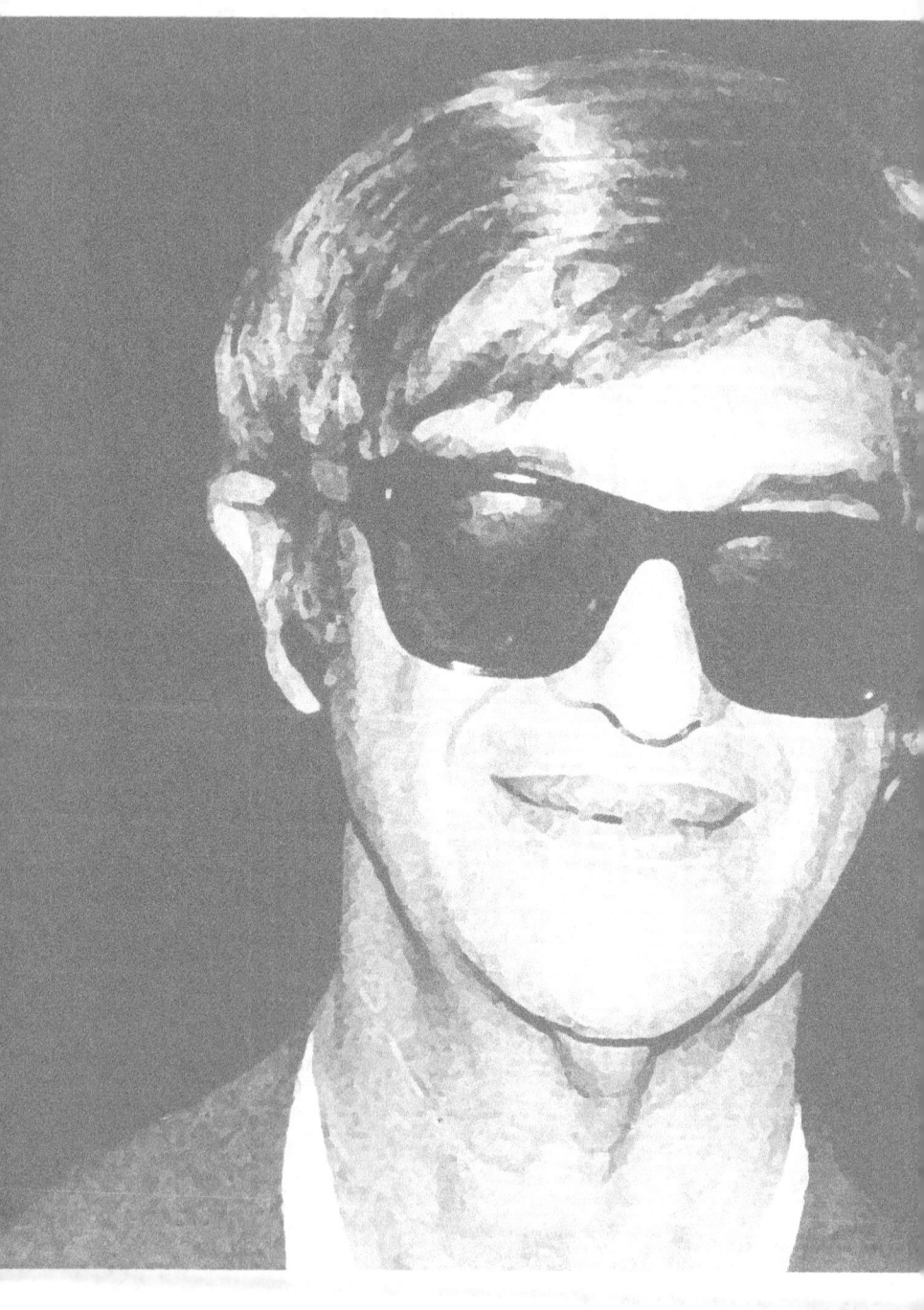

A facilidade, ao que nos parece, nunca ensinou nada a ninguém.

🔲🔲🔲

Estamos sofrendo mais por excesso de conforto do que por excesso de desconforto.

🔲🔲🔲

O *Sermão da Montanha*, o documento mais importante da humanidade, não foi produzido entre quatro paredes, mas sim ao ar livre, junto daqueles que são os herdeiros do Evangelho, que somos nós todos, através dos tempos.

🔲🔲🔲

Precisamos fazer um acordo íntimo, criar dentro de nós um tribunal íntimo que nos abençoe, nos preserve da cólera, para que a violência diminua no mundo.

🔲🔲🔲

Talvez que 60% a 80% de nossas doenças, ou dos donos das doenças, foram adquiridas através dos choques da intolerância, das ofensas, da falta de perdão.

⊞⊞⊞

O mais difícil não é viver, é conviver. Existem pessoas que gostam muito de usar a franqueza, mas é uma franqueza que joga todo mundo no chão.

⊞⊞⊞

Não estamos liberados só por que sofremos... Depende da nossa atitude a vitória que desejamos alcançar.

⊞⊞⊞

Podemos estar sofrendo, estar aflitos, fatigados, mas se estamos desesperados, criando problemas para os outros com os nossos problemas, nós não estamos atravessando as nossas provas com as almas ligadas às leis de Deus.

⊞⊞⊞

Infelizmente, hoje, os reformatórios são escolas de banditismo. Por mais que queiramos negar, é a realidade pura.

⊞⊞⊞

A inteligência sem Cristo tangencia a insanidade.

❏❏❏

Delinquência somos nós mesmos que criamos. Há muita gente boa que se dedica exclusivamente ao amparo do próximo, mas a verdade é que a maioria de nós outros conversa sobre o assunto, acha-o extraordinário, mas desfeita a reunião alega falta de tempo.

❏❏❏

Nós todos caímos pela inteligência. Sentimo-nos falsamente superiores aos outros. Mas resolveremos o assunto pelo coração, pelo sentimento, pelo Cristo aplicado em nossa vida.

❏❏❏

É fácil evangelizar, mas autoevangelizar-se...

❏❏❏

Aqueles que caminham abrindo roteiro para o futuro da Doutrina têm que sangrar os pés.

❏❏❏

Apenas uma lembrança do nosso benfeitor Emmanuel – ele me pede para recordar um item sobre a lição da paciência, que nunca me havia ocorrido antes: paciência que nasce do verdadeiro amor pregado por Jesus – a paciência para com a felicidade dos outros!

◘◘◘

Quantos suicídios e quantas fichas de sanatório não existem por falta de paciência para com a felicidade dos familiares?

◘◘◘

A paciência, o espírito de aceitação, pode evitar-nos muitas dores.

◘◘◘

Vivemos como criaturas que se suicidam pouco a pouco. Todo dia um suicidiozinho... Um ato de rebeldia, uma reclamação indébita, um ponto de vista infeliz... Atraímos vibrações negativas e operamos sobre nós esse suicídio lento, indireto...

◘◘◘

A pessoa pode estar aflita, mas não bem-aventurada.

◘◘◘

Não podemos chegar à porta dos nossos inimigos e pedir perdão. Não é assim, porque estaremos humilhando a pessoa, colocando-nos na posição de bons.

▣ ▣ ▣

A violência se alastra no mundo, mas ela começa em cada um de nós.

▣ ▣ ▣

Às vezes, como diz Emmanuel, é preciso adiar a verdade.

▣ ▣ ▣

A força que Deus representa teria se manifestado em Jesus Cristo para que ele, como um grande engenheiro, de mente quase divina, pudesse realizar prodígios sob a inspiração de Deus na plasmagem, na estruturação do mundo maravilhoso que habitamos.

▣ ▣ ▣

Quem trabalha pensando em aparecer vai aparecer, mas o trabalho desaparecerá.

▣ ▣ ▣

Aceito o mundo e os homens como eles são, e continuo eu mesmo.

⊞ ⊞ ⊞

Devemos cuidar da nossa aparência física como cuidamos da espiritual. Não temos o direito de chocar os outros e enfear o mundo com as nossas deficiências.

⊞ ⊞ ⊞

Eu não passo de um cabide, onde dependuram as homenagens de reconhecimento e de gratidão ao Espiritismo, e não a mim.

⊞ ⊞ ⊞

Para falar a verdade, tenho sido sempre alguém com tamanha luta para compreender a mim mesmo que nunca me passou pela cabeça a ideia de estar trabalhando pela compreensão entre os homens.

⊞ ⊞ ⊞

Tenho aprendido com os benfeitores espirituais que a paz é a doação que podemos oferecer aos outros sem tê-la para nós mesmos.

⊞ ⊞ ⊞

Esperemos que o amor se propague no mundo com mais força que a violência e a violência desaparecerá à maneira da treva quando a luz se lhe sobrepõe.

✦✦✦

Admitimos que enquanto existirem criaturas espiritualmente armadas nos próprios sentimentos, umas contra as outras, existirão armas e enquanto existirem armas no mundo a guerra pode surgir.

✦✦✦

Do que posso saber, até hoje, creio que a melhor forma de servirmos a Jesus será viver, na prática, o ensinamento que ele próprio nos deu: "Amai-vos uns aos outros como eu vos amei".

✦✦✦

Não é apenas "amai-vos uns aos outros", mas "amai-vos uns aos outros como eu vos amei", porque o "amai-vos uns aos outros como eu vos amei" superou o "amai-vos uns aos outros".

✦✦✦

O divino Mestre é a rocha básica do tempo, contra a qual se desfarão as ondas bravias e agressivas da incompreensão, em torno daquele que nos deu tudo quanto possuímos de melhor na civilização.

✦✦✦

Para a grandeza inamovível dos ensinamentos do Cristo, dois milênios é um tempo muito escasso.

⊟⊟⊟

A destruição dos recursos da natureza, mesmo a título de progresso, é uma triste tendência dos homens da atualidade... E cremos que semelhante agressão à vida natural se fará seguida por amargas consequências de que o tempo trará notícias à humanidade terrestre.

⊟⊟⊟

Também comigo ocorre que se falho três ou quatro dias, a mediunidade como que perdeu algo em sensibilidade. Se o intervalo é, vamos dizer, de quinze dias, então tenho que recomeçar.

⊟⊟⊟

É preciso que nós, os espíritas, compreendamos que não podemos nos distanciar do povo. É preciso fugir da tendência à "elitização" no seio do movimento espírita.

⊟⊟⊟

É necessário que os dirigentes espíritas, principalmente os ligados aos órgãos unificadores, compreendam e sintam que o Espiritismo veio para o povo e com ele dialogar.

◻◻◻

Os espíritos não deixam o trabalhador em estado de necessidade... Se estamos trabalhando e estamos sofrendo, é porque, por enquanto, a nossa dívida tem superado a nossa boa vontade em resgatá-la. Jesus nos ensinou que um pai não dá pedra a um filho que lhe pede pão.

◻◻◻

Os espíritos desconhecem as nossas faltas, porque eles também caíram... Eles veem em mim as qualidades que são deles.

◻◻◻

Recebo os elogios que me são feitos como convites para que eu seja o que ainda não sou.

◻◻◻

Todos caímos. Todos podemos cair no ódio, no ressentimento, mas Deus nos levanta. Se a queda for diária, vamos nos levantar todo dia. O que não podemos é ficar no chão, choramingando...

◻◻◻

"Vinde a mim!" não coloca um ponto final em sua marcha própria, não promete retirar a carga de ninguém – promete que nos aliviaria para continuarmos a marcha...

◧ ◧ ◧

Diga ao nosso irmão que, de fato, o problema dele é grave, mas não é sem esperança... Às vezes, podemos trocar a dor pelo trabalho.

◧ ◧ ◧

Trabalho espírita não é bem demais; é bem demais com sacrifício...

◧ ◧ ◧

O Evangelho nos diz que seremos consolados em nossas aflições e não que nos livraremos delas...

◧ ◧ ◧

Certa vez, perguntei ao Dr. Bezerra: "O senhor acha que eu vou sarar dos olhos?" Ele respondeu: "Não, você não vai sarar completamente". Então, argumentei: "O senhor está me tirando a esperança!" "Não" – retrucou –, "eu não disse que você não possa se tratar!..."

✠ ✠ ✠

A palavra deve ser dita para ajudar e nunca para deprimir a quem quer que seja.

✠ ✠ ✠

O direito da força é uma das piores qualidades humanas.

✠ ✠ ✠

Deus é um Pai de misericórdia tão infinita, mas tão infinita, que Ele dá a Seus filhos afastados Dele a própria Eternidade para que eles se reconciliem com o amor paternal do qual nasceram.

✠ ✠ ✠

O que me dói ver na periferia não é tanto a falta de pão ou de comida, mas a ignorância que faz de uma criança um criminoso.

✠ ✠ ✠

Sou um animal atrelado ao serviço, um animal que não pode deixar a carroça... Aqui eu tenho água fresca, alfafa, que os meus "donos" me dão. Se eu largar isso, vou sair dando coices por aí...

❏❏❏

Determinados tipos de suicídio lesam centros importantes no corpo espiritual. A pessoa renasce com problemas, mas é a cura.

❏❏❏

Sem dificuldade, meu filho, a obra não permanece. É como a planta: para desenvolver-se, requer pouco adubo. Muito adubo não ajuda. Os bons espíritos nos dão o necessário.

❏❏❏

A disciplina não é uma cela trancada. É a chave da porta, que lhe permite sair e voltar.

❏❏❏

Atualmente, estou com o meu organismo comprometido com o processo de angina. Não posso fazer tudo o que quero, mas, dentro de minhas limitações, cansaço é uma coisa que eu não conheço.

❏❏❏

Até hoje ninguém pôde definir sobre a Terra o ponto de interação entre cansaço e preguiça.

◨◨◨

Jesus é um sistema de vida. Ele não escreveu, não se imortalizou por uma obra literária que definisse uma raça, um povo. Tudo o que ele ensinou é aplicável à vida cotidiana, seja aqui, seja na China, seja na Tailândia, seja na África, seja no continente europeu.

◨◨◨

Todos os que me atribuem santidade ou liderança estão enganados por eles mesmos, não por mim.

◨◨◨

Penso que os fenômenos da sexualidade dita normal, os da homossexualidade e os da bissexualidade se interligam, trazendo-nos as tarefas ou os conflitos de que necessitamos para progredir, elevar-nos, melhorar-nos ou corrigir-nos no período da reencarnação.

◨◨◨

Se temos a consciência tranquila, não há nada a temer. A Providência Divina funciona a favor de todos. Quem cumpre seu papel da melhor maneira está bem encaminhado.

◨◨◨

Os que se unem aqui estarão unidos lá. O mundo de lá traçamos aqui!

⊡ ⊡ ⊡

Creio que o mundo espiritual, com a bênção de Jesus Cristo, está fazendo tudo para adiar essa guerra e para retardar tanto esse conflito até que o homem possa compreender que isso não lhe serve.

⊡ ⊡ ⊡

Mundo de regeneração no Terceiro Milênio? Se isso acontecer em 2999, ainda estará dentro do Terceiro Milênio!...

⊡ ⊡ ⊡

No futuro, Espiritismo e Igreja Católica não serão religiões paralelas. Elas se encontrarão. O "como" estará dependendo das autoridades que fizerem esse benefício à humanidade, porque a Igreja, com a graça de Deus, um dia vai aceitar o estudo da mediunidade, a reencarnação e a comunicação dos espíritos. Porque isso está na sobrevivência do próprio Cristianismo.

⊡ ⊡ ⊡

Senhor, ajuda-nos a esquecer o mal e a fixar-nos no bem, a

compreender que a dor é boa, que a alegria é boa, que a luta é bondade, que a paz é bondade e que tudo sobre a Terra é material didático em que aprendemos aquele amor que nos ensinaste a praticar em nossa vivência recíproca!

⊡ ⊡ ⊡

Quanto mais longe do Evangelho mais dificuldade em compreender o próximo.

⊡ ⊡ ⊡

Os espíritos me dizem que o animal com algum progresso sempre volta ao ambiente em que ele se habituou.

⊡ ⊡ ⊡

Aquele que não tem erro algum não nos parece uma pessoa que tenha aproveitado a sua experiência na Terra.

⊡ ⊡ ⊡

Se todos nos uníssemos através de recursos, do pouco com o pouco, e da disposição de servir com a disposição de servir, as lutas seriam minimizadas.

⊡ ⊡ ⊡

Deveríamos tratar de códigos que dessem a maioridade aos 14 anos.

◘ ◘ ◘

A criança é chamada a memorizar as suas vidas passadas muito depressa, motivada pela televisão, etc. Precisamos da criação de leis que ajudem a criança a não se fazer delinquente nem viciada.

◘ ◘ ◘

Quando eu desencarnar, os companheiros da Doutrina Espírita podem fazer palácios por aqui (*estava se referindo ao culto ao ar livre, no "Abacateiro"*), mas enquanto eu estiver o símbolo da Doutrina é o serviço.

◘ ◘ ◘

A única propriedade do Cristo foi a cruz. A cruz do Cristo foi a única propriedade de que ele foi o único dono.

◘ ◘ ◘

Temos a preocupação com o pão do mês quando Jesus ensinou: "O pão nosso de cada dia dá-nos hoje"... Acumulamos sem saber se vamos viver até amanhã!

◘◘◘

Peçamos a Deus para não estar guardando sobras desnecessárias, pois representa falta na casa do vizinho.

◘◘◘

Fazemos regime para emagrecer. Compramos livros, vamos aos especialistas... É natural! Precisamos de saúde, de corpo mais livre. Fazemos ginástica para ter elegância física. Por que não podemos fazer um pouco de regime de desprendimento? Às vezes, o pão apodrece dentro da nossa casa!

◘◘◘

Precisamos desprender enquanto é tempo, porque num futuro breve ou remoto teremos que deixar tudo – deixar tudo de roldão, porque a desencarnação não espera ninguém.

◘◘◘

Muitos dizem: "Eu estou desempregado, estou desesperado!"... Conhecemos companheiros que vão até o suicídio! Mas não é o trabalho que estamos procurando... São os vencimentos! Estamos procurando *status*!!!

◘◘◘

O coração comanda todos os fenômenos da vida, a ponto de, nas profecias mais antigas, alguém ter dito: "Muito cuidado com o coração, porque onde colocarmos o nosso coração aí estarão o nosso tesouro, a nossa vida!"

✠ ✠ ✠

Quando o homem cai pelo coração, a própria queda é degrau para que ele possa se levantar. Quando cai pela inteligência, é diferente...

✠ ✠ ✠

Não viemos para aprender a ser amados, mas sim a amar.

✠ ✠ ✠

A primeira oficina para o aprendizado da misericórdia é o lar, com a família.

✠ ✠ ✠

Perdão é matéria para todo dia, para toda hora.

✠ ✠ ✠

Certa vez, recebemos um pensamento de um amigo espiritual que dizia que o mundo começaria a melhorar muito se tratássemos os nossos parentes dentro de casa assim como tratamos as visitas.

◨◧◨

Aquela irmã respondeu, então: "Olha, meu caro amigo, eu já fiz as contas e eu já ultrapassei, em dezoito anos, o número quatrocentos e noventa..." Depois de uma breve pausa, Emmanuel lhe falou, por fim: "Mas você se esqueceu de uma coisa: é perdoar setenta vezes sete cada ofensa!..."

◨◧◨

Estou pedindo tolerância, perdão, paciência e bondade a todos, porque esse amigo está na condição de um obsessor pacífico ou amigo alterado... Esse amigo alterado é o meu corpo!

◨◧◨

Diz Emmanuel que criminoso é qualquer um de nós que foi descoberto.

◨◧◨

Jesus não fundou religião alguma. Não há um texto no Evangelho que diga que Jesus tenha fundado uma religião. Ele criou um sistema de vida, com base no amor de uns pelos outros.

⊞ ⊞ ⊞

Quando se fala em amor, logo se lembra do sexo. Ora, isso é uma chaga inoculada numa estrela!...

⊞ ⊞ ⊞

Falando de mim, digo que sou uma formiga muito para baixo do formigueiro...

⊞ ⊞ ⊞

"*Se você, Chico,*" – disse-me Emmanuel – "*não cometer erros maiores do que aqueles que têm assinalado a sua existência atual, quando você desencarnar, será médium*". Quer dizer (*completou Chico, dando uma gostosa gargalhada*) que nem médium eu sou considerado!!!...

⊞ ⊞ ⊞

As trevas são muito poderosas, organizadas... O que eles desejam é tirar Jesus do Espiritismo e se tirarem Jesus do Espiritism, ele desaparecerá.

⊞ ⊞ ⊞

Agora há pouco uma jovem me disse que estava realizando um estudo sobre a parte obscura da vida de Jesus. Eu falei com ela que podia fazer o que quisesse, mas se tirasse Jesus do Espiritismo, pagaria um preço muito alto...

⊡⊡⊡

"Tende bom ânimo, eu venci o mundo!"... É extraordinário pensar que esse divino Vencedor foi vencido na cruz! Sabia perder para ganhar no tempo.

⊡⊡⊡

Disse Jesus à mulher sofredora: *"As tuas faltas estão apagadas, porque muito amaste"*, e não que ela foi muito amada!

⊡⊡⊡

Aos seis meses já deveríamos conversar com as crianças sobre a nossa ligação com Deus.

⊡⊡⊡

Estamos criando mal a geração cujo futuro é profundamente indevassável para nós, pelas características de selvageria que estamos deixando ser instaladas na infância – não é no jovem não!

⊡⊡⊡

Somos tantos os deficientes psicológicos que iríamos fazer um hospício do tamanho da Terra!...

⊡⊡⊡

Para cada seminário (*da Igreja Católica*) que se fecha, é mais uma cadeia, ou um sanatório, que abre as suas portas.

⊡ ⊡ ⊡

Estamos, dentro de nossas provas, fazendo um vestibular de promoção espiritual ou ficamos sob determinadas dependências...

⊡ ⊡ ⊡

Não estamos liberados só por que sofremos. Depende da nossa atitude a vitória que desejamos alcançar.

⊡ ⊡ ⊡

Precisamos aprender a sofrer sem mostrar sofrimento, atravessar a dificuldade sem colocá-la na pauta dos outros.

⊡ ⊡ ⊡

Quando pedimos muito a compreensão dos outros, nós estamos exigindo pagamento.

⊡ ⊡ ⊡

Ainda que não possamos amar apaixonadamente os nossos pais, é nossa obrigação honrá-los, silenciando...

⊡ ⊡ ⊡

Não sei, pelo tempo já registrado, se será curto ou longo o tempo de trabalho que me resta, mas de uma forma ou de outra rejubilo-me ao pensar que a bondade infinita do Cristo, nosso divino Mestre, se condoerá de mim e me permitirá a alegria de continuar trabalhando na mesma estrada em que tantas bênçãos me cobrem os defeitos que ainda carrego.

⊟ ⊟ ⊟

O que me dói é que não fiz quanto podia ter feito e nem como devia ter feito.

⊟ ⊟ ⊟

Não seria aquilo tudo o resultado de uma agressão de falange das trevas, procurando impor-me a cegueira para que a tarefa do livro espírita-cristão não permanecesse em minhas mãos?

⊟ ⊟ ⊟

Conheço espíritos que me contam que para aprender humildade e paciência não foram a colégio algum. Foram estagiar no lar de D. Fulana ou de Sra. Beltrana.

⊟ ⊟ ⊟

Um livro de paz e fraternidade, compreensão e fé, segundo o nosso caro Emmanuel, é sempre uma coleção de sementes de renovação e esperança que se entrega ao solo mental do mundo.

⊞ ⊞ ⊞

Desde muito tempo noto que a perseguição de falanges das sombras da ignorância é um movimento constante e sistemático, que eu acredito venha atuando no mundo contra a luz que o Cristo veio trazer-nos, a nós, os habitantes multimilenários do planeta.

⊞ ⊞ ⊞

E Jesus sempre esteve e está em minhas lembranças como um protetor poderoso e bom, não desparecido, não longe, mas sempre perto, não indiferente aos nossos obstáculos humanos e sim cada vez mais atuante e mais vivo!

⊞ ⊞ ⊞

Uma carta de um amigo é um bálsamo indefinível!

⊞ ⊞ ⊞

Quanto mais nos estendemos no serviço espiritual com o público menos nos pertencemos.

⊞ ⊞ ⊞

Não posso me esquecer de um estudo rápido de nosso Emmanuel, a sós comigo, em que ele me disse que o médium é comparável a um campo de pouso e o espírito comunicante é comparável ao avião: sem o campo de pouso cuidadosamente preparado, a máquina não consegue se ajustar ao pouso necessário.

◻◻◻

A esta altura dos meus muitos janeiros, creio que os espíritos benfeitores me prepararam a soledade do local em que sempre vivo, incluindo a própria terra em que nasci, para que não me afaste das obrigações que me traçam.

◻◻◻

É muito grande o número de pessoas que se aproximam de nós com assuntos que, expostos por elas, precisam da nossa capacidade de contornar a posição difícil em que essas pessoas se encontram, de vez que elas necessitam mais de consolo e esperança para solucionar os problemas de que são portadoras do que de verdade e franqueza que lhes tornariam mais profundas as feridas mentais, sem resultado construtivo.

◻◻◻

Quando nos esforçamos por oferecer algo de nós aos companheiros que faceiam dificuldades e sofrimentos muito maiores do que os nossos, desses mesmos companheiros nascem forças benéficas que passam a funcionar em nosso favor.

◻◻◻

O médium que alivia é aliviado. Se trabalha pelo próximo, há, na Vida Maior, quem trabalhe para ele igualmente.

◻◻◻

Compreendo o quanto a disciplina é constrangedora, mas se com ela os médiuns lutam tanto, sem ela, pelo menos quanto a mim, eu não conseguiria caminhar.

◻◻◻

Eu nunca tive polêmica com ninguém, nesta vida toda... Eu nunca tive nem qualquer contradita com os nossos irmãos espíritas, nunca!... O povo peleja para a gente entrar numa briga, não é? Vai ser muito difícil... Eu nunca briguei. Debaixo de nomes horrorosos que me atiraram na cara, eu nunca briguei!... Aguentei tudo calado!

◻◻◻

Pensando hoje nos perigos a que fiquei exposto no mundo, tenho certeza de que foi a mão de Deus que me livrou da queda.

◻◻◻

Nós vamos doutrinar os obsessores, mas não pensamos que muitas vezes nós convivemos com verdadeiros obsessores, sem ter como nos desligar.

◫ ◫ ◫

Posso dizer que me vejo, simbolicamente, na condição da lagarta que conseguisse viver, durante longo tempo, e que, por isso, enxergasse muitas lagartas-companheiras se cadaverizarem na forma de casulos aparentemente secos e imóveis, a se transformarem, logo após, em borboletas que vencem alturas, surpreendendo-se, com o belo fenômeno, sem possibilidades de explicá-lo.

◫ ◫ ◫

Não será a violência o resultado de nosso pretendido afastamento da fé religiosa, segundo o materialismo da inteligência deteriorada, que tenta convencer-nos de que não passamos de animais sadios ou doentes da civilização?

◫ ◫ ◫

Cremos que a educação sexual é assunto a ser conduzido seriamente no futuro, porque, no presente, em nosso âmbito pessoal, ignoramos onde estarão os professores para semelhante disciplina.

◫ ◫ ◫

Acreditamos que tanto é um delito grave assassinar uma criança na via pública quanto exterminá-la, em falso regime de impunidade, no ventre materno.

❏❏❏

Não acreditamos que criaturas humanas e comunidades humanas consigam ser felizes sem a ideia de Deus e sem respeito aos semelhantes.

❏❏❏

Creio, no entanto, que a distribuição do trabalho, sem obstáculos de idade ou condição física, para o acesso às atividades profissionais e a obrigatoriedade da escola gratuita, pelo menos, em se tratando das bases de ensino primário às comunidades infanto-juvenis, poderiam colaborar decisivamente na erradicação da pobreza e do analfabetismo no campo de nossa vida coletiva.

❏❏❏

Ante o Evangelho do divino Mestre, a Doutrina Espírita é portadora de princípios que aclaram com segurança as lições do Cristo, sem qualquer pretensão de superioridade sobre as organizações cristãs, sempre dignas do maior respeito.

❏❏❏

O Espiritismo nasceu livre e precisa continuar livre. Se, um dia, eu tiver que prestar qualquer tipo de obediência a alguém na Doutrina, eu deixo de ser espírita e vou tentar ser cristão.

◩ ◩ ◩

Jesus nos pede que sejamos bons. Bonzinhos não, porque o bonzinho é bobo.

◩ ◩ ◩

Os espíritas estão desencarnando mal.

◩ ◩ ◩

Você sabe de uma coisa? Tempo perdido é tempo perdido. Não se recupera mais. Você fala em trabalhar dobrado... Trabalhasse dobrado desde o princípio!!!

◩ ◩ ◩

A luz não deve ir nem muito adiante, nem muito atrás... Para que possamos enxergar, é preciso que ela caminhe ao nosso lado.

◩ ◩ ◩

Há pouco, um rapaz em Sorocaba parou o carro na rua, deu marcha à ré e me perguntou:
– *Você é o Chico Xavier?*
Respondi:
– *Sou sim, seu criado.*
Ele comentou:

– *Dizem que você está doente...*
Eu disse:
– *Tenho estado doente.*
E continuou:
– *Que doença é a sua?*
Respondi:
– *São 77 anos!...*

⊡ ⊡ ⊡

Ainda temos fé em que os homens da governança hão de criar o Ministério da Ecologia (*o Ministério do Meio Ambiente ainda não havia sido criado*), com punições severas para quem derrubar uma árvore indevidamente.

⊡ ⊡ ⊡

A Doutrina Espírita me ensina que a primeira reforma a que eu deva me dedicar é a minha própria reforma, de modo que eu veja os outros como eles foram criados por Deus, e não segundo a minha capacidade de maliciar.

⊡ ⊡ ⊡

Muita coisa eu não sabia, muita coisa eu só estou aprendendo agora, quase aos 85 anos de idade!...

⊡ ⊡ ⊡

De fato, Jesus não se preocupou em preparar os homens para a morte, porque para ele a morte não existe. Ele falava aos espíritos e não à transitoriedade da forma.

⧈⧈⧈

Não podemos nos esquecer de que através da oração simples, sem qualquer sofisticação, sem qualquer instrumento estranho para o ambiente da fé, milhares de pessoas são beneficiadas de maneira substancial.

⧈⧈⧈

A prece de uma avó por um neto necessitado arromba as portas do Céu.

⧈⧈⧈

Digo com sinceridade: se precisar de outra operação, me entregarei ao médico cirurgião. Não vou me submeter a bisturi na mão de médium, porque o médium não está indicado para isso. Já passei por cinco cirurgias por médicos encarnados, com anestesia e todo o decurso normal dos atos cirúrgicos. Médium com bisturi na mão não me opera!

⧈⧈⧈

Não compreendo os espíritos operadores quando, às vezes,

são duros demais com aqueles a quem deveriam ser brandos e pacíficos.

❇ ❇ ❇

Meu Deus, a vida é tão bela!... Uma folha de uma árvore qualquer é uma página tão bela quanto uma de Shakespeare!

❇ ❇ ❇

A minha vida é uma festa!

❇ ❇ ❇

Ah! Mas quem sou eu senão uma formiga, das menores, que anda pela terra cumprindo com sua obrigação?

❇ ❇ ❇

Tenho saudades do Chico que eu já fui!

❇ ❇ ❇

Eu me sinto feliz de ser obstinadamente médium! Eu gosto de ser médium, gosto dessa palavra! Quero morrer médium. É tudo que eu sempre quis ser!

❇ ❇ ❇

Não posso ser vaidoso de mim mesmo, pois tudo que fiz não foi feito por mim, mas pelos espíritos. Devo a Emmanuel tudo que sou.

⊡ ⊡ ⊡

Sei que a obra é de Jesus, que o serviço é do Alto, mas não ignoramos que os mensageiros divinos precisam de mãos humanas.

⊡ ⊡ ⊡

A cada dia que passa mais observo que a luz é luz e que a minha sombra é sombra. Reconhecendo a minha indigência, tenho medo de tantas responsabilidades e rogo a Jesus me socorra!

⊡ ⊡ ⊡

Sabe Deus como me dói o mandato mediúnico! E dói-me porque me veste de "penas de pavão", escondendo minhas feridas.

⊡ ⊡ ⊡

Qualquer divisão nos serviços espirituais de ordem superior, aqui na Terra, é um desastre.

⊡ ⊡ ⊡

Esperar felicidade na Terra é ilusão. A expectativa de agradar à maioria dos homens é ilusão maior.

⊡⊡⊡

"Começar é fácil, continuar é difícil e chegar ao fim é crucificar--se", diz o nosso Emmanuel para designar uma tarefa cristã.

⊡⊡⊡

A gente deve trabalhar pela boa paz enquanto tiver um hálito de vida.

⊡⊡⊡

Eu não tenho saudade da senhora que durante dois anos me aplicou uma surra com vara de marmeleiro, todos os dias não... Mas que ela me preparou para as lutas que eu deveria enfrentar ela me preparou!

⊡⊡⊡

Se eu fosse obrigado a escolher entre a fé em Deus e a minha morte, eu preferiria morrer a ter que deixar de acreditar em Deus.

⊡⊡⊡

O Cristianismo é uma religião sem cadáveres, pois começou com Jesus Cristo ressuscitado – foi o grande morto revivido para demonstrar que não há morte.

O assunto da mediunidade com Jesus e Kardec é novo no mundo e virá o tempo em que o trabalho dos médiuns será facilitado. Até lá que Jesus nos dê forças para "aguentar a barra" e trabalhar com alegria!

O nosso Emmanuel costuma dizer-me assim: "*Recebendo as mensagens dos benfeitores espirituais, estaremos formando os livros doutrinários. Mas doando algumas migalhas de fraternidade e simpatia aos irmãos que chegam até nós estaremos formando leitores desses mesmos livros que nos merecem tanto amor*".

Estou na situação da laranjeira de condição extremamente inferior – mas muito inferior – quando recebe enxertia. Os frutos generosos são filhos da planta nobre que concedeu à laranjeira pobre e triste a honra de lhe ser, por algum tempo, o magnânimo inquilino. Retirada a dadivosa ocupante, o vegetal que fica é resíduo inútil.

O tempo é um fluido vivo... Quando durmo um pouco mais,

tenho a nítida impressão de devorá-lo. A expressão popular "matar o tempo" encerra uma grande verdade.

✦ ✦ ✦

Quando alguém me anuncia como sendo o "famoso" Chico Xavier, tenho vontade de sumir!

✦ ✦ ✦

O Espiritismo é uma doutrina evolutiva. Sendo evolutiva, ela caminhará ao encontro das outras, e formaremos, então, com a bênção de Deus, o Cristianismo total. Eu não acredito que a Doutrina Espírita tenha privilégios e que, um dia, nós sejamos "os tais"!

✦ ✦ ✦

O espírita deveria ser mais preocupado com a sua própria necessidade de iluminação.

✦ ✦ ✦

O mal está em nós mesmos, em nossas tentações, tentações que nascem de nós. Ninguém nos tenta. Nós é que somos tentados por nós mesmos.

✦ ✦ ✦

Enquanto nós nos contentamos com o pão, vai tudo bem, mas da manteiga em diante começam as nossas lutas...

🔲 🔲 🔲

Por muito que se dê ao trabalho do bem a gente nunca dá o que devia.

🔲 🔲 🔲

Como julgar o amigo por atitudes de um só dia?

🔲 🔲 🔲

Devemos ir ao templo religioso e pedir a Deus para nos fazer calar o coração contra reações criminosas. Mas se ainda não conseguimos, se ainda nos sentimos feridos na nossa vaidade pessoal no que chamamos de *"brios"*, depois de tentarmos a oração em casa e no templo devemos buscar imediatamente um hospital e pedir internação por uns 2 a 4 dias para não fazermos qualquer bobagem.

🔲 🔲 🔲

Se houvesse mais bondade, a inteligência não seria tão despótica. Precisamos pensar muito para não sermos inteligentes loucos.

🔲 🔲 🔲

A humanidade enlouquecida é a humanidade sem perdão.

◻ ◻ ◻

Quem sabe pode muito. Quem ama pode mais.

◻ ◻ ◻

Desencarnar para quê? Para entrar outra vez na fila, pleiteando um novo corpo no mundo?

◻ ◻ ◻

O Cristo não pediu muita coisa, não exigiu que as pessoas escalassem o Everest ou fizessem grandes sacrifícios. Ele só pediu que nos amássemos uns aos outros!

◻ ◻ ◻

A maior ofensa que podemos fazer à nossa própria consciência é negar a existência de Deus e desertar da fé.

◻ ◻ ◻

Quando se trata do bem, uma pessoa cansada pode ainda ir muito longe.

◻ ◻ ◻

Nós precisamos humanizar a Doutrina. Nem demônios, mas também nem anjos. Somos homens e mulheres na Terra. Agora, o dia em que for promovido a anjo ninguém sabe, porque a nomeação foi lá por cima!

◫ ◫ ◫

O nosso Emmanuel sempre me diz que a aceitação de nossos problemas, sejam eles quais forem, representa cinquenta por cento da solução dos mesmos. Os outros cinquenta por cento vêm com o tempo.

◫ ◫ ◫

Ensinam-nos os benfeitores espirituais que o Espiritismo é sempre o mesmo, seja no Brasil ou fora dele. Entretanto, acentuam que os espíritas brasileiros receberam a tarefa particular de provar que o Espiritismo é o próprio Cristianismo, em sua feição clara e simples, de volta à humanidade terrestre.

◫ ◫ ◫

Me vejo cada vez mais cisco, mas os nossos amigos espirituais me colocaram em tantos encargos de viagens ultimamente que já viajo até calado, pensando naquele provérbio: *"Um burro calado pode passar por sábio"*.

⊟⊟⊟

Então, nós devemos reconhecer que todos nós, os seres humanos, trazemos no íntimo um alto grau de periculosidade e, até hoje, a única força no mundo capaz de frear esses impulsos de periculosidade humana é, sem sombra de dúvida, a religião.

⊟⊟⊟

Ninguém pode pedir compreensão a um computador.

⊟⊟⊟

Que as flores sejam homenageadas pela beleza, mas elas não vão à panela.

⊟⊟⊟

A Doutrina Espírita estará tão bem depois da minha desencarnação quanto estava antes, porque eu não sou pessoa com qualidades especiais para servi-la. Eu sou um médium tão comum, tão falível como qualquer outro!

⊟⊟⊟

Não creio na existência do mal em substância. Isso é uma ficção.

❑❑❑

Emmanuel sempre me diz: *"Chico, quando você não tiver uma palavra que auxilie, procure não abrir a boca"*.

❑❑❑

De nada nos servirá termos alcançado um alto merecimento e então nos isolarmos dos nossos irmãos, encerrando-nos numa torre de marfim.

❑❑❑

Em meu caso pessoal, tenho observado que sem simpatia ou afinidade entre o médium e a entidade comunicante, o intercâmbio é sempre muito deficiente ou quase impraticável.

❑❑❑

Acredito que se a pessoa está no merecimento natural da cura, tenha ela fé ou não tenha fé, a Misericórdia Divina permite que essa criatura encontre a restauração de suas forças. Isso em qualquer religião ou em qualquer tempo.

❑❑❑

Diz Emmanuel que precisamos dos amigos para acertar com os nossos deveres e dos adversários para corrigir as deficiências de que sejamos portadores.

▣ ▣ ▣

A prática da mediunidade em 40 anos consecutivos me demonstrou que a existência na Terra é apenas um pedaço da vida.

▣ ▣ ▣

A mediunidade pode manifestar-se através de pessoa absolutamente inculta, mas os bons espíritos são de parecer que todos os médiuns são chamados a estudar a fim de servirem com mais segurança.

▣ ▣ ▣

Os nossos benfeitores espirituais costumam afirmar que só os inúteis não possuem adversários.

▣ ▣ ▣

Não me casei, mas, em compensação, duas senhoras vieram morar comigo. Uma delas chegou quando eu era mais moço – D. Catarata – e desde essa época não mais me deixou. A outra veio mais recentemente: é D. Angina. É mais exigente, de trato mais difícil. E eu tenho que me render às exigências das duas senhoras, sob pena de sofrer muito nas mãos delas.

⊡⊡⊡

A revolução em que acredito é aquela ensinada por Nosso Senhor Jesus Cristo, que começa pela corrigenda de cada um, com base no *"façamos aos outros aquilo que desejamos que os outros nos façam"*.

⊡⊡⊡

Dentro da visão espírita-cristã, *céu*, *inferno* e *purgatório* começam dentro de nós mesmos. A alegria do bem praticado é o alicerce do *céu*. A má intenção já é um piso para o *purgatório* e o mal devidamente efetuado, positivado, já é o remorso, que é o princípio do *inferno*.

⊡⊡⊡

Eu penso com aquela asserção do nosso André Luiz, que é um mentor que nós respeitamos: se cada um de nós consertar de dentro o que está desajustado, tudo por fora estará certo.

⊡⊡⊡

Estávamos, certa vez, sob chuvas de observações e eu pedi ao espírito Emmanuel: *"Que fazer? Dizem tanto mal..."* E ele me respondeu: *"Olhe, a boca do mal na Terra é como a boca da noite. Ninguém consegue fechá-la. Vamos trabalhar, trabalhar..."*

Os livros escolares deveriam, no processo de alfabetização, já começar esclarecendo a criança contra o perigo das drogas – um vírus que tem matado mais gente que os agentes viróticos mais violentos.

⊡ ⊡ ⊡

Se eu fosse esperar melhores condições espirituais para servir, até o presente momento eu não teria começado.

⊡ ⊡ ⊡

Quem deserta da luta, por achar que a luta está muito grande, não tenha dúvidas: vai encontrar uma luta muito maior pela frente.

⊡ ⊡ ⊡

Emmanuel me falou, certa vez: *"Chico, se alguém se aproximar de você dizendo que vai capinar o mundo, você não deve questionar nada... Dê-lhe uma enxada!"*

⊡ ⊡ ⊡

O excesso de formalidades numa reunião espírita é tão contraproducente quanto a irreverência exagerada.

⊡ ⊡ ⊡

O nosso Emmanuel está aqui dizendo-nos que se Allan Kardec estiver reencarnado, ele haverá de mostrar-se pelas suas obras!...

🞴 🞴 🞴

A lei não manda deitarmo-nos no chão para que os outros nos apedrejem. Pede-nos uma atitude de conciliação – vamos nos encontrar com o agressor numa existência próxima e ele renascerá do nosso corpo, renascerá como familiar.

🞴 🞴 🞴

Do jugo forte ao jugo leve, há uma ponte difícil de ser transposta – a dos nossos hábitos.

🞴 🞴 🞴

Se nos indagarmos quantas vezes faltamos com a paciência para com os nossos amigos, vamos nos admirar do quanto o número é imenso!

🞴 🞴 🞴

Sou uma pessoa bem-humorada, carregando uma engrenagem que está pesada. Mas carrego com muita alegria!

🞴 🞴 🞴

Antes, os professores oravam com a gente, dentro da sala. Agora, muitos deles são os primeiros a dizer que não acreditam em Deus.

⊞ ⊞ ⊞

A resultante física só vem quando o mal se cronifica. A cronicidade do mal faz com que o mal venha à tona em forma dessa ou daquela doença.

⊞ ⊞ ⊞

Uai, gente, para que tirar o espírito (obsessor)? Vamos evangelizar-nos todos, com ele junto!

⊞ ⊞ ⊞

Cremos que se Jesus houvesse levado em conta nossa incapacidade para assimilar-lhe, de pronto, o desvelado e intenso amor, o Cristianismo não estaria brilhando e brilhando cada vez mais na Terra.

⊞ ⊞ ⊞

Sempre que vejo certas flores espirituais, o miosótis, por exemplo, sinto as vibrações que emitem e não posso conter as lágrimas!

Os espíritos têm fluidos teledinâmicos que enviam ao artista sob forma de inspiração. Para isso, eles não precisam estar presentes.

Quando psicografo livros, tenho que estar a sós com o espírito comunicante. Se me tocam, recebo a comoção como um toque violento de corrente elétrica.

Agora, com relação à continuidade do trabalho, o que fiz foi conquistar horas ao sono. Se estou bem de saúde, 3 a 4 horas de sono me bastam. E após o almoço, para contrabalançar, descanso uns 40 minutos no leito, mesmo que não durma.

A mediunidade, meu caro, é couro, e para que a palavra se enriqueça, com a perda da primeira letra, temos que pagar um preço elevado e justo.

O desespero é uma febre de inadaptação às leis divinas – é falta de aceitação da vida que se tem.

⊞ ⊞ ⊞

A mesma coisa é o Cristo diante de nós, quando nos afastamos do caminho certo, léguas e léguas. Ele não vai atrás, mas vai o cão, que é o sofrimento.

⊞ ⊞ ⊞

O choro que vive na preguiça e se esquece do trabalho não é mais choro, é perturbação.

⊞ ⊞ ⊞

Somos espíritos com qualidades boas, mas ainda com qualidades a serem depuradas. Desencarnamos sempre com certo crédito a nosso favor, mas com um débito ainda maior!

⊞ ⊞ ⊞

Vamos fazer força para reclamar sempre menos e auxiliar sempre mais.

⊞ ⊞ ⊞

Pedimos ao Alto, pedimos ao espírito amigo, ao espírito benfeitor que nos socorra, nos ajude, mas eles também estão pedindo de nós outros uma resposta!

⊡ ⊡ ⊡

A educação não é um processo que possa ser levado a efeito quando a criatura já adquiriu hábitos.

⊡ ⊡ ⊡

Essa Doutrina não é dos anjos – somos criaturas humanas! Eles nos protegem, mas precisamos nos auxiliar uns aos outros, e não criticar!

⊡ ⊡ ⊡

Não precisamos esperar a formação de um grupo espírita para a recepção de pessoas santas... Vão chegar primeiro os mais infelizes – vão contar as mágoas, às vezes até os seus crimes! Vêm atrás de amor!...

⊡ ⊡ ⊡

Quem viver pensando em bilhete premiado, coisas fáceis, é melhor deixar a causa, porque isso não existe para o espírita – o que existe é trabalho e muito trabalho!

⊡ ⊡ ⊡

A cruz de ferro são as ofensas públicas – conseguimos carregá-la, porquanto recebemos muita solidariedade... Mas a cruz de palha é pouca gente que sabe carregar!

◻◻◻

Às vezes, falamos de determinado traço infeliz da comunidade humana junto da pessoa que traz um pedacinho e ofendemos a pessoa barbaramente...

◻◻◻

O recado indireto que humilha é das maiores faltas de caridade.

◻◻◻

Comumente, a gente se candidata a cair naquilo que nós outros mais condenamos.

◻◻◻

Precisamos ter coragem se determinado problema surgiu de repente, se uma dor nos colheu de improviso – coragem para suportar sem incomodar vidas alheias. Com pequeno sintoma, perturbamos toda a nossa família, como se cada um de nós fosse o centro do mundo.

◻◻◻

Um amigo espiritual nos disse: *"Olha, Chico, muitos estão pensando aí que eu estou voando. Eu vou dizer uma coisa: se muleta for asa, eu estou voando"*.

⊡ ⊡ ⊡

A existência na Terra não é um feriado. Não desertemos. O suicídio, afinal de contas, é uma deserção penosa. Não devemos estar correndo a qualquer susto, a qualquer dificuldade, como pessoa incompetente para dirigir o seu próprio corpo ou a sua própria cabeça.

⊡ ⊡ ⊡

O suicídio é uma guerra inútil e vã contra Deus em nós mesmos.

⊡ ⊡ ⊡

Pela primeira vez, há quinze dias, aconteceu um desastre com algumas companheiras nossas quando retornavam a São Paulo, após orarmos no Grupo Espírita da Prece. Muitos, com certeza, irão falar, mas estarão se esquecendo de agradecer as milhares de reuniões dos dias em que não houve nada.

⊡ ⊡ ⊡

É muito mais fácil esquecer uma ofensa do que levar aquilo para diante, martirizando o nosso coração.

⊡ ⊡ ⊡

Devíamos compreender vacinando o nosso coração com amor por todos. Se matou, se feriu, se roubou, louvado seja Deus! Que Deus abençoe! Que tenha forças para carregar as dificuldades que criou para si mesmo!...

▣▣▣

Ensinemos aos nossos filhos que eles não são melhores do que os outros. Que devem partilhar a merenda da escola, levar um pouco do alimento da nossa casa para os companheiros.

▣▣▣

Emmanuel já escreveu por nosso intermédio: escaparemos da morte quantas vezes for preciso, mas da vida nunca nos livraremos.

▣▣▣

Um espírito amigo nos disse que a morte do corpo não é mais que um sono mais prolongado, do qual despertaremos como somos, como estamos e como queremos.

▣▣▣

Rico é aquele que tem maior amor no coração dos semelhantes.

▣▣▣

Ao me aproximar de um boi, me lembro que os parentes dele me ajudaram, me deram alegria de viver para que eu chegasse aos 70 anos de idade.

⊡ ⊡ ⊡

Quando falamos em perdão, não nos podemos esquecer dele como sendo força geradora de paciência, que precisa ser utilizada com mais frequência com os amigos que com os inimigos declarados.

⊡ ⊡ ⊡

Muitas vezes, com o espírito possessivo de que estamos imbuídos, queremos o amigo, ou a amiga, como queremos... Se não é possível, vem o melindre – é uma tristeza!

⊡ ⊡ ⊡

Se a Bíblia diz que Deus criou o mundo em sete dias, naturalmente Ele sabia que era muito pouco e nos deixou entregues aos milênios!

⊡ ⊡ ⊡

Mas há também um tipo de aceitação que não podemos esquecer – a aceitação de nós mesmos, como estamos e como somos para fazermos de nós o melhor que pudermos.

⊡ ⊡ ⊡

Nós, que sabemos educar os filhos de nossos vizinhos com tanta perfeição, voltemos os olhos para dentro de casa, educando a nós mesmos.

◘ ◘ ◘

Se temos defeitos, vamos aceitar o defeito que temos, se é que temos, mas vamos trabalhar, porque somente assim vamos alcançar a melhora que desejamos.

◘ ◘ ◘

Essa questão do perdão – uma das técnicas mais eficazes para aplicarmos na desculpa incondicional – será nos colocarmos no lugar da pessoa, mas com muita sinceridade.

◘ ◘ ◘

Todas as vezes que encontrarmos alguém para nós mesmos antipática, uma pessoa que não nos cativa pelos modos, pelas palavras, se nos colocarmos no lugar dessa pessoa, a impressão de antipatia se extinguirá, porque teremos compaixão e não revolta, seja qual for o ato que a pessoa esteja perpetrando.

◘ ◘ ◘

As tribulações são livros e professores, com os quais aprendemos a viver e a conviver, sobretudo.

⧫⧫⧫

Lembro-me de Santo Agostinho: *"Ama e faze o que quiseres!..."* Porque aqueles que amam – mas que amam de verdade – podem fazer o que quiserem, porque só farão aquilo que pertence à lei do amor!

⧫⧫⧫

O corpo nos transporta como se fosse um animal sobre o qual estivéssemos instalados. Até o espancamos!... Mas chega o momento em que o corpo necessita que nós o carreguemos! É uma lição muito benéfica. E eu o carrego, pensando nas vezes, no animal que, tantas vezes, maltratei!...

⧫⧫⧫

Durante muitos anos, eu, que tratei do corpo, agora vou ter que tratar do esqueleto!

⧫⧫⧫

Se nós formos a um hospital de vez em quando, vamos ver o saldo da bênção que temos a cada dia – a bênção de nos levantarmos para o trabalho, o cérebro com o possível discernimento, a bênção de estudarmos os problemas da vida, das afeições de que dispomos, a bênção do lar, dos amigos.

⊡⊡⊡

A paciência não é uma atitude apenas para com o plano externo da vida, mas com nós mesmos, para que não venhamos a sofrer desânimo dos nossos ideais.

⊡⊡⊡

Todos podemos beneficiar alguém, ajudar alguém. Às vezes, precisamos de um simples sorriso para que não nos sintamos a sós.

⊡⊡⊡

Trazemos para o berço aquilo que colocamos em nós em encarnações recentes.

⊡⊡⊡

Nós não queremos ditador, mas somos déspotas dentro de casa.

⊡⊡⊡

Eu preciso de alguém que me diga "*não*", mas quero que a pessoa fale comigo com bondade. Se falar comigo com nervosismo, vai me criar mais problema!

⊡⊡⊡

Se uma pessoa é doutor, se triunfou pela inteligência dele, alisando os bancos acadêmicos, tem logo uma turma de facilitadores para qualquer tipo de problema. Às vezes, o título de doutor não transforma o caráter das pessoas.

▣ ▣ ▣

Se nas casas espíritas, que são consideradas mais liberais, já se aventou a possibilidade de se entregar o comentário apenas aos que fossem portadores do título de doutor ou professor, que dirá das outras religiões, onde os dogmas são tirânicos?

▣ ▣ ▣

Eu não tenho o indigente como indigente – ele é nosso irmão!

▣ ▣ ▣

A família é uma reunião de espíritos afins e não afinizados entre si para determinadas finalidades, que, no fundo, são os recursos de nosso próprio aperfeiçoamento.

▣ ▣ ▣

Essa ideia infeliz de posse, que nós cultivamos indebitamente naquilo que não nos pertence, que é o coração dos outros...

⊡⊡⊡

A ideia de servidão ainda coloca muita provação, muita dor no seio da família, que devia ser, na Terra, o nosso mais belo santuário de espiritualidade.

⊡⊡⊡

Existem duas palavras sinônimas: amor e sacrifício. Quem ama há de fazer sacrifício!

⊡⊡⊡

Cada um de nós tem a sua própria deficiência pessoal para ser reparada durante a nossa experiência física.

⊡⊡⊡

E muitas vezes nós temos defeitos graves, mas queremos corrigir isso nos outros, quando nós devemos corrigir em nós aquilo que nos desagrada nos outros.

⊡⊡⊡

Despossuir para possuir melhor.

⊡⊡⊡

Quantos filhos nós vemos que, às vezes, têm a mãe, uma viúva jovem, que eles impedem que se case de novo? Por quê? Outras vezes, impedem que o pai se case de novo! É o espírito de posse!

◻◻◻

A pessoa quer ser dona da outra. E a outra não pode fazer mais nada, porque o dono ou a dona não deixa. Isso é terrível!

◻◻◻

Se minhas irmãs ou algum de meus parentes me disserem para abandonar o Espiritismo e a mediunidade, responderei: adoro vocês, mas podem crer que eu vou para a mediunidade amanhã!

◻◻◻

Se para cada 20 por cento de ensinamento falado nós dermos 80 de exemplo, nós resolvemos o problema.

◻◻◻

O dever cumprido nos dá o direito de escolher o nosso próprio caminho.

◻◻◻

Psicologicamente, cada um de nós tem uma vida muito diferente.

⊞ ⊞ ⊞

Nós estamos caminhando para outras finalidades, outras formas de vida, como os animais estão caminhando para as formas de vida humana. Então, nós estamos em trânsito.

⊞ ⊞ ⊞

Eu não sou adepto da palmatória e nem do chicote, mas sou amigo do diálogo e do muito amor para com a criança. Agora, sabendo que a criança está chegando de onde nós chegamos – das zonas umbralinas da Espiritualidade para reparar, para lutar, para trabalhar e para ter uma vida digna.

⊞ ⊞ ⊞

Agora, que liberdade é essa que eles estão preconizando? Uma liberdade para nos estressarmos, para irmos aos tóxicos e acabarmos com a nossa vida? Liberdade para nos suicidarmos? Liberdade para matar os outros? Liberdade para arrasar com a vida de nossos pais? Para arrasar com a vida de nossos filhos? Para bebermos cachaça até cairmos? É a liberdade que a maioria pede! Esta eu não conheço. Porque eu estou no cabresto desde que eu fiz 4 anos!

⊡⊡⊡

O sexo é psicológico. O sexo é mental.

⊡⊡⊡

O trabalho dá a essa criatura a liberdade condicionada ao dever cumprido para que ela possa viver, porque o sexo não é só procriação.

⊡⊡⊡

"*Crescei e multiplicai-vos*", mas também nos valores espirituais: na enfermagem, no trabalho profissional, no gosto de trabalhar para servir, de servir mais, de servir horas extras...

⊡⊡⊡

Eu nunca vi uma pessoa que caminhou para o suicídio se oferecendo à prefeitura para trabalhar de picareta na rua até morrer!

⊡⊡⊡

Não podemos fazer a expulsão abrupta dos nossos vícios, pois aí estaremos ameaçados pela sua volta repentina e inesperada.

⊡⊡⊡

Na natureza, nada se faz com violência e até os vícios têm que ser tratados com respeito e educação para ser mais facilmente debelados.

⊡⊡⊡

Os católicos não precisam mais preocupar-se conosco, nem os evangélicos... A continuar assim, os próprios espíritas se destruirão!

⊡⊡⊡

Eu fico pensando que nós todos temos que nos desapegar das condições inferiores, mas precisamos ter paciência. Às vezes, uma pessoa muito malcriada já está no mínimo, uma pessoa que xinga muito já está no mínimo...

⊡⊡⊡

A pessoa que pratica o mal contra alguém carrega um remorso muito grande na cabeça e no coração.

⊡⊡⊡

Nós temos necessidade dos bens da Terra para viver, não para rixar uns com os outros, estabelecer diferenças, criar dissensões de classes, sobretudo, para criar este mundo de angústia, que, às vezes, nós trazemos por nossa própria culpa.

⊡⊡⊡

A qualquer momento teremos leis que nos irão fiscalizar ainda mais, porque não estamos sabendo receber os bens da Terra para viver, mas para acumulá-los e para acumulá-los criamos muitos perigos...

⊡⊡⊡

Quantas vezes vemos os problemas dos sequestros, homicídios... Ninguém está justificando isso – isso é violência, mas é excesso, seja de poder, seja de economia, por demasia de detenção de finanças.

⊡⊡⊡

Ninguém é chamado para ser mendigo.

⊡⊡⊡

Aquele que se utiliza do trabalho para viver não estimula a subversão.

⊡⊡⊡

Nunca vi uma escola ensinar a pessoa a viver, a viver com o que tem, com o que somos, com os recursos que possamos adquirir.

⊡⊡⊡

Eu noto por mim mesmo. Quando tenho um pouco de dinheiro a mais, alguma sobra, penso: *"Aonde é que eu vou guardar isso para ninguém tirar?"*

⊡⊡⊡

Tudo o que criamos para nós, que não temos necessidade, se transforma em angústia, em depressão... Vamos aos psiquiatras e são pílulas e mais pílulas!

⊡⊡⊡

Sou apenas um pequenino servidor que se sente feliz à mesa de nossas preces para o cumprimento de um dever, que considero sagrado.

⊡⊡⊡

Não precisamos de tanta coisa para colocar tanta carga em cima de nós. Podemos ser chamados hoje à vida espiritual.

⊡⊡⊡

Quando em nós há indiferença espiritual diante da verdade, crise de impaciência, de orgulho mesmo, de sede de destaque, estamos doentes do espírito. Mas como isso não dói deixamos a situação correr.

Se soubermos que precisamos perdoar e compreender, estudar e servir, já é um grande passo para a nossa melhoria.

Se tivermos com o espírito esses cuidados, enquanto estamos tranquilos, vamos tomar o remédio espiritual enquanto é tempo, impedindo que o mal se aposse definitivamente de nós.

Para quem quer acertar, a inspiração do Alto vem sempre.

Devemos deixar os velhacos à margem, mas saber que o necessitado precisa de nós.

Se eu não tivesse dado – porque eu não dei tempo nenhum – algum tempo aos benfeitores espirituais, o que eu teria feito com o tempo? Talvez estivesse num sanatório, num cárcere!

O trabalho com os espíritos amigos é um trabalho apaixonante!

⊡ ⊡ ⊡

Eu creio que uma das horas mais belas da vida é aquela na qual nos colocamos em contato com esses espíritos amigos.

⊡ ⊡ ⊡

Esse trabalho dos espíritos por nosso intermédio me trouxe os melhores amigos do mundo! A bondade deles foi despertada por estes que escreveram tantas páginas de abençoada luz... Eu sou um traço de treva!

⊡ ⊡ ⊡

Peço perdão aos amigos que vêm de muito longe para ver Chico Xavier. Chico Xavier agora mora num corpo muito desgastado.

⊡ ⊡ ⊡

Da legião dos cristãos, nós somos, talvez, a mais discutidora, no campo doutrinário do Evangelho. Outros irmãos não param o pensamento para analisar, mas a comunidade espírita lê bastante e interpreta muito. E nesse interpretar encontramos o antagonismo de uma pessoa para com a outra.

⊡ ⊡ ⊡

Às vezes, estamos tão separados a ponto de uma outra autoridade religiosa de um outro culto dizer: *"Os espíritas do Brasil conseguiram um prodígio: conseguiram ser inimigos íntimos!"*

◪◪◪

Precisamos respeitar todos os trabalhos e todos os companheiros.

◪◪◪

Já vivemos muitas vezes. Estamos com as pessoas certas para ajustarmos os nossos corações e solucionarmos os nossos problemas.

◪◪◪

Na reencarnação, ninguém erra de endereço.

◪◪◪

O espírito de Emmanuel, aqui presente, nos pede para comparar a Doutrina Espírita a uma grande *"empresa"*, organizada pelo Cristo, onde nós solicitamos emprego. Vimos através do sofrimento, das dificuldades, das lutas domésticas... Pedimos socorro. Ignoramos, muitas vezes, que estamos pedindo trabalho, pedindo colocação para trabalhar e receber algum vencimento para sustentar a nossa vida.

⊞⊞⊞

Lembramo-nos da *Lei de Causa e Efeito* apenas em matéria de sofrimento, mas ela funciona também para o bem. Quem faz o bem, queira ou não, será recompensado.

⊞⊞⊞

Para o materialista, este é um ponto difícil: apanhar e ficar quieto. Só com muita oração mesmo, pedindo a Deus que nos fortaleça e esclareça, é que nos será possível dar a face até que o espancador se canse.

⊞⊞⊞

Emmanuel nos afirma que se fôssemos às penitenciárias, às casas de detenção, aos sanatórios, a fim de se fazer enquetes dos motivos que levaram aqueles internos à criminalidade, verificaríamos que 80% deles foram vítimas da cólera.

⊞⊞⊞

Se pudéssemos ouvir os desencarnados nos vales dos suicidas, dos homicídios, teríamos a mesma resposta, lamentando o momento que perderam o controle de si mesmos.

⊞⊞⊞

A cólera é também contagiosa e atinge até pessoas em paz consigo mesmas.

☐ ☐ ☐

As maiores cabeças nem sempre são aquelas capazes de nos guiar para o bem.

☐ ☐ ☐

Cada um ponha o seu discernimento em ação e vamos observar que essas grandes inteligências não cresceram num mundo simples como o nosso – vieram de outras esferas, mas são carecedoras de amparo espiritual.

☐ ☐ ☐

Esses espíritos que chegam de planos adiantados pela inteligência chegam até nós como grandes flagelos.

☐ ☐ ☐

Não queremos ser santos, mas queremos viver uma vida de paz uns com os outros. E temos que procurar isso com os grandes corações.

☐ ☐ ☐

Servidor é o que limpa o chão, vai ajudar uma criança perdida, uma mãe desditosa. Essa pessoa que ama o serviço, que não reclama, é que será considerada maior.

◧◨◧

O nosso coração se regozija quando evitamos a queda de alguém, retirando do asfalto uma simples casca de banana. A grande inteligência acha que isso deve ser feito pelo gari.

◧◨◧

A alta inteligência quer reverências, homenagens, e depois entra para a sala de experiências para saber a melhor maneira de destruir, com exceção daqueles que entram nos laboratórios para estudar a melhor maneira de produzir a vacina – estas as altas inteligências, realmente altas!

◧◨◧

Na vida, há encontros que são reencontros e há encontros que são amargos reencontros.

◧◨◧

Sendo o sexo uma força criativa, eu diria que talvez quem não tiver problemas de sexo estará doente.

◩ ◩ ◩

Não somos anjos e se o fôssemos o nosso lugar não seria aqui.

◩ ◩ ◩

Pensamos, com os amigos espirituais, que a existência de mães solteiras, sempre dignas do nosso maior respeito, envolve a existência de pais que não deveriam estar ausentes.

◩ ◩ ◩

As mágoas nos fazem adoecer e daí resulta que devemos interpretar quem ofende como doente.

◩ ◩ ◩

A vida também precisa de ilusão, decorrente da esperança. Se eliminarmos a esperança de alguém, cabe-nos o dever de doar-lhe um substituto.

◩ ◩ ◩

Graças a Deus, estou passando muito bem e tanto quanto possível trabalhando em casa, no meu quarto, em companhia do meu público, dos dois cachorrinhos, que, qual me acontece, gostam de música e ouvem com atenção os textos que considero bonitos e instrutivos.

◲ ◲ ◲

Já apanhei fisicamente em reuniões públicas, graças a Deus, sem esboçar qualquer reação.

◲ ◲ ◲

E já tive ocasião de receber rasgada e atirada ao meu rosto, aos pedaços, determinada mensagem que eu sabia ser autêntica e, por uma força que não tenho, nada respondi e não reagi em ponto algum.

◲ ◲ ◲

Todas as agressões que experimentei vieram de irmãos nossos na mesma fé.

◲ ◲ ◲

As provas chegam quando menos as esperamos, ou as esperamos ignorando quando devem chegar.

◲ ◲ ◲

O problema da disciplina dentro da vida de um médium com tarefa doutrinária é um problema doloroso e belo, quase sublime e quase cruel!

▣▣▣

Meu Deus, como é pequena a cota de dias na reencarnação! A infância foi a manhã, a mocidade foi alguns dias de sonho e a velhice é um tempo em que a umidade e o gelo nos compelem a refletir na fragilidade do carro em que viajamos temporariamente.

▣▣▣

Penso que vamos todos enfrentar grande demora até que a comunidade espírita-cristã se integre na vivência salutar de tantas lições belas, quais sejam as que aprendemos em nossos encontros de fé raciocinada, nos agrupamentos de nossos estudos e atividades em geral.

▣▣▣

À medida que a Doutrina entra em nós já não mais nos pertencemos.

▣▣▣

Em espírito, mantenho a minha alegria de viver e trabalhar, no entanto, o meu corpo agora parece um operário fatigado a reclamar salários reajustados, fundo de garantia e outras vantagens de lei, cobrando-me, a cada hora, o tempo de serviço.

⧉⧉⧉

Ela faz a curiosa pergunta se um espírito elevado pode nascer numa favela e indago de mim mesmo aonde Jesus teria nascido!...

⧉⧉⧉

Creio que a matéria mais importante que recolhi da convivência diária com os amigos espirituais, durante 60 anos, é a que julgo seja o meu relacionamento com os meus semelhantes.

⧉⧉⧉

À medida que os benfeitores espirituais nos transmitem lições de esperança e de aperfeiçoamento, assinalo a distância em que me encontro do médium evangelizado que eu deveria ser.

⧉⧉⧉

Quando recebo determinada mensagem dirigida a familiares que se reconfortam, sinto realmente uma grande alegria!

⧉⧉⧉

Sinto-me profundamente feliz por todas as bênçãos que Jesus e os espíritos amigos me concedem, mas sentir-me realizado, segundo acredito, é um projeto para daqui a milênios!

◱◰◲

Depois de minha mãe, a ela, a professora que me orientou nos primeiros dias, devo a certeza de que a luz de Deus brilha em nossas vidas; de que nenhum valor se obtém, na existência, sem trabalho; que a nossa liberdade tem o tamanho do nosso dever cumprido; que a paz e a união devem imperar sobre nós, em nome de Jesus, acima de quaisquer dissenções a que estejamos inclinados; e de que a violência não nos pode servir em tempo algum.

◱◰◲

Não é pouco, é amor. O amor é sempre muito.

◱◰◲

Se fizermos uma frente muito avançada, perderemos o contato com a nossa família, que, de modo geral, necessita ainda muito mais de consolação, de encorajamento, de apaziguamento, de esperança, de fé e mesmo de muito amor, antes de qualquer avanço intelectual mais intenso.

◱◰◲

A vida, até hoje, na Terra, é mais importante que a verdade.

◱◰◲

Dois terços de minha vida os espíritos viveram no meu corpo. Posso dizer que não vivi para mim mesmo, senão até por volta dos 20 e poucos anos de idade.

⊟ ⊟ ⊟

Eu não estou me queixando, mas para cumprir o meu dever nunca pude prestar atenção nem nas roupas que estou vestindo.

⊟ ⊟ ⊟

Esses livros todos têm nascido em meio a enormes lutas!

⊟ ⊟ ⊟

Dou assistência como a pessoa que vê a casa do vizinho incendiada e até que o corpo de bombeiros apareça a casa já se foi. Então pelo menos um balde d'água eu tenho que carregar, não é?

⊟ ⊟ ⊟

O verdadeiro Espiritismo não pode cobrar nem mesmo os remédios que receita aos doentes.

⊟ ⊟ ⊟

Não acredito que a AIDS venha de Deus. Isso vem do próprio homem, que não soube ainda preservar seu corpo.

⊡ ⊡ ⊡

A verdade é um veneno, nem Jesus Cristo quis defini-la.

⊡ ⊡ ⊡

Nós precisamos de humorismo ou entraremos num tal clima de tensão que seremos considerados loucos.

⊡ ⊡ ⊡

Muita gente diz: *"Não se sabe se o Chico é católico ou se é espírita"*. Por que eu vou hostilizar a religião católica, que é minha mãe espiritual?

⊡ ⊡ ⊡

Olha, para pronunciar o nome de Deus de joelhos dói pra chuchu!

⊡ ⊡ ⊡

Ela (*Yvonne Pereira*) disse-me que o Dr. Bezerra de Menezes conversava muito com ela a respeito do assunto e que embora demonstrasse preocupação dizia que os espíritas estavam fazendo o que podiam fazer, de vez que a maioria deles era delinquente.

⊡⊡⊡

No final de 1985, após um programa de televisão, comparei-
-me a um pé de grama, a um pé de capim. À noite, o espírito
de Emmanuel entrou no quarto para dizer-me que não tinha
gostado da comparação. *"Por quê?"*, perguntei-lhe. Ele me
respondeu: *"A grama ainda cresce!"*...

⊡⊡⊡

O passe é sempre bom. Se a pessoa estiver doente, toma
para sarar. Se não estiver, toma para não ficar.

⊡⊡⊡

O sofrimento, quando aceito com resignação e paciência,
dilata os recursos da alma, preparando-a para receber as alegrias íntimas só concebíveis na vida espiritual.

⊡⊡⊡

Encontramos nas fileiras espíritas tanta gente que diz ter
sido barão, príncipe, marquesa, rainha, ou algo semelhante,
numa existência passada!... Afirma Emmanuel que eles foram mesmo e hoje estão por aí, resgatando os seus débitos.
As lavadeiras, os lavradores, os serviçais humildes estão todos
nos planos superiores!

⊞ ⊞ ⊞

Mas reconheci que por minhas dívidas imensas os mensageiros do Senhor determinam que eu seja açoitado todos os dias para o meu resgate e, ao mesmo tempo, para a minha renovação íntima.

⊞ ⊞ ⊞

Ele (*Emmanuel*) costuma afirmar que as críticas destrutivas pertencem às pessoas que as formulam.

⊞ ⊞ ⊞

Cada manhã, e depois de rápida prece, pergunto a mim mesmo que deseja o Senhor de mim no dia de hoje.

⊞ ⊞ ⊞

Não espero aprovação daqueles que se fizeram avalistas de minha atual reencarnação, pois estou consciente dos meus desacertos, mas poderei afirmar-lhes que não fugi do campo de luta.

⊞ ⊞ ⊞

A maioria das pessoas que nos procura, ao que me parece, não quer que lhes recordemos os princípios de nossa Doutrina de paz e amor. Essas pessoas, felizmente com muitas exceções, querem ouvir os pareceres de nossos amigos espirituais para não ouvirem elas mesmas.

◻◻◻

Quando refletimos sobre a expectativa de Jesus esperando, pacientemente, por nós todos, fico a pensar que nos cabe esperar sempre o melhor, ainda que esse "*melhor*" esteja muito distante.

◻◻◻

A maior ofensa que podemos fazer à nossa própria consciência é negar a existência de Deus e desertar da fé.

◻◻◻

O nosso benfeitor espiritual (*Emmanuel*) é de opinião que o conhecimento espírita-cristão é o maior depósito de luz e de possibilidades que uma criatura consciente pode receber na Terra, a nossa residência temporária.

◻◻◻

O conhecimento espírita vem até nós para ser produzido em trabalho de regeneração humana, de educação, de caridade, de alegria para os nossos semelhantes, de construções espirituais cada vez mais altas por um mundo melhor.

◻◻◻

No Espiritismo, a pessoa tem que começar estudando nos grandes livros e começar também lavando as privadas, trabalhando, fazendo sopa, ajudando os que estão com fome, lavando as feridas dos nossos irmãos e distribuindo aquilo que for possível, porque se nós não tivermos coragem de ajudar na limpeza de um banheiro, de uma privada, nós também estaremos estudando nos grandes livros da nossa Doutrina em vão.

▣ ▣ ▣

Muitas vezes, autoridades religiosas atribuem outra interpretação às palavras do Senhor, quando ele disse a Nicodemos: *"Necessário vos é nascer de novo"*.[1] Sim, nascer de novo todos os dias, todas as semanas, de ano para ano, de etapa para etapa, mas também de vida em vida, de berço em berço.

▣ ▣ ▣

Estamos convencidos, com os ensinamentos dos instrutores espirituais, de que o sofrimento mental, decorrendo habitualmente do complexo culposo, remanesce de causas morais mantidas por nós mesmos na intimidade do próprio ser.

▣ ▣ ▣

Cremos que a Psicanálise, unida à reencarnação, mas adotando os processos reeducativos da reencarnação, no espaço e no tempo seria para o mundo de hoje uma realização ideal.

---

[1] João, 3: 1-18.

◨◨◨

Uma evolução espiritual iluminada pelo amor fraterno, conforme os ensinamentos de Jesus devidamente praticados, nos colocaria em posição de receber os seres superiores de outros campos cósmicos do Universo para compreendê-los e assimilar-lhes as lições que nos pudessem ministrar.

◨◨◨

Conforme ensinamentos da Espiritualidade Superior, sempre que estivermos em função da justiça devemos exercê-la com misericórdia.

◨◨◨

Penso, porém, que poderemos imaginar como será belo o nosso mundo – que já é maravilhoso por si – quando soubermos liberar a energia mental para o bem de todos!

◨◨◨

O nosso problema crucial é a diferença enorme que temos coletivamente a vencer entre o avanço da inteligência humana e a persistência de muitos dos nossos sentimentos ainda algemados a concepções estreitas da vida tribal.

◨◨◨

Cada qual de nós, pela misericórdia de Deus, dispõe de 24 horas, entre o dia e a noite, para o trabalho e a edificação. Não é possível que não possamos dispor, dentro dessa justa e equânime cota de tempo, de meia hora, de 20 minutos, para cogitar de algum pequeno trabalho em favor do próximo.

🞖 🞖 🞖

O médium responsável é semelhante ao guarda-chaves da ferrovia: deve ter muito cuidado na passagem dos comboios, evitando qualquer desastre. No caso, é a passagem ou a filtragem das ideias.

🞖 🞖 🞖

Sinto-me como se fosse uma parede pobre, sobre a qual se pregasse um cartaz anunciando os ensinamentos de Nosso Senhor Jesus Cristo.

🞖 🞖 🞖

A felicidade de termos amigos e também a alegria de termos adversários, porque os adversários são aqueles representantes da incompreensão a nosso respeito, que nos ajudam também a policiar o próprio coração e caminhar com mais segurança.

🞖 🞖 🞖

Por que é que eu, por ser médium de livros, hei de viver como uma pessoa no alto de um monte, vestido de túnica *"século primeiro"*, quando eu preciso andar de automóvel, andar também de avião?

✠ ✠ ✠

Se eu me considero uma pessoa muitíssimo imperfeita, é o caso de trabalhar ainda mais nos livros!

✠ ✠ ✠

Não há ponto algum na obra kardequiana que indique que o médium de psicografia é diferente dos outros. Eu sou igual aos médiuns que dão passe, aos médiuns que estão recebendo intuição, aos médiuns de incorporação, que eu também sou.

✠ ✠ ✠

Em Uberaba, a minha vida é esta... Eu não tenho nem tempo de cortar a unha! De vez em quando, o dedo dói (*está sangrando*), uma unha entrou no outro dedo. Porque não dá tempo! Mas para ir ao título (*título de cidadania*), na televisão, tenho de ir desabando em glórias, uai!

✠ ✠ ✠

Porque, muitas vezes, uma doença física, ou uma determinada provação em nossa vida doméstica, nos poupa de acidentes afetivos, acidentes materiais ou de fenômenos extremamente desagradáveis em nossa vida.

⊡⊡⊡

Não consigo entender o Espiritismo sem Jesus e sem Allan Kardec para todos, com todos e ao alcance de todos!

⊡⊡⊡

Senhor, nesta hora em que se fala com tanto amor em perdão, nós te pedimos perdão pelos trabalhos imperfeitos, pelas tarefas inacabadas ou mal-feitas, por todos os esforços que foram desenvolvidos com tanto amor pelos nossos benfeitores espirituais e teus enviados, tão bem-vindos às nossas mãos, que foram mal-filtrados, mal-compreendidos e mal-entregues...

⊡⊡⊡

Deste-me, Senhor, a felicidade de nunca ter encontrado inimigos e opositores na vida, mas uma legião de amigos, cujo mérito pertence a eles mesmos e não a mim!

⊡⊡⊡

Amado Jesus, abençoa a família espírita que me deu tanto, sem que eu pudesse retribuir. Ajuda a todos aqueles que me ajudaram e me ajudam, sem que eu tenha nada para oferecer!...

⊡⊡⊡

Tentação, no fundo, é a projeção das tendências infelizes que ainda trazemos.

⊡⊡⊡

Em muitos casos, os descendentes são os próprios antepassados, em nova encarnação, no mesmo tronco genealógico, para resgate de faltas em que se debitaram no pretérito.

⊡⊡⊡

A elite cultural do Espiritismo sem o povo, a quem a mensagem do mundo espiritual é, especialmente, endereçada, seria semelhante a celeiro de luz isolado e inacessível, sem proveito para ninguém.

⊡⊡⊡

A doença é uma escola, mas uma escola benéfica e branda, embora não me dê muitos recreios.

⊡⊡⊡

Conforta-me pensar que a mão de Jesus me guia nas sombras. Eu não conheço a região pela qual vou andando, mas o Senhor conhece o caminho.

⊡⊡⊡

A abnegação não pode ser ensinada. Tem de ser vivida no silêncio com Deus.

⊡⊡⊡

Chico (*falando de si mesmo*) não merece nada que não seja reprovação.

⊡⊡⊡

O espírita chora escondido. Depois lava o rosto e vai atender à multidão, sorrindo.

⊡⊡⊡

Céu, inferno ou purgatório começam, invariavelmente, em nós mesmos.

⊡⊡⊡

Se soubesse de meu último dia no corpo, cancelaria qualquer tarefa, como sejam viagens ou contatos outros, para trabalhar ao máximo com os bons espíritos, de modo a aproveitar o *"restinho"* de tempo que estivesse ao meu dispor.

⊡⊡⊡

Vocês tenham cuidado, porque há de vir um governo que irá interferir nas nossas instituições... Aquelas que não estiverem com a documentação em dia sofrerão muitas devassas e correrão o risco de fechar. A fase de perseguição ao Espiritismo ainda não passou!...

□□□

Quando a Europa sofrer com a guerra – tomara que não aconteça, mas ao que tudo indica... –, os navios chegarão à nossa costa e com os canhões apontados para nós eles exigirão ser acolhidos e ocupar parte de nosso território, principalmente a Amazônia!...

□□□

Sempre vem a noite comunicar-me que as horas do dia se esgotaram e que devo deixar vários itens do esquema iniciado pela manhã para o dia imediato. Isso sempre me impressionou, sustentando a esperança de encontrar o que considero por *"dia de trabalho pleno"*.

□□□

Muitos companheiros espíritas nunca puderam entender o meu contato com o povo. Preferiram que eu ficasse apenas na mediunidade, na produção de livros... Ora, se me fosse dado escolher a tarefa da mediunidade com os livros e o serviço da mediunidade com os sofredores, eu ficaria com os sofredores, pois também me considero um espírito sofredor!

⊡ ⊡ ⊡

O médium, sem dúvida, pode, em certas circunstâncias, rastrear o espírito, mas, na maioria das vezes, é o espírito que vem ao médium.

⊡ ⊡ ⊡

Eu nem sempre posso falar o que penso, mas o que não posso falar é exatamente aquilo que eu não devo dizer.

⊡ ⊡ ⊡

A questão mais aflitiva para o espírito no Além é a consciência do tempo perdido.

⊡ ⊡ ⊡

Quando fiquei órfão de mãe, aos cinco janeiros de idade, à distância de meu pai enquanto permaneceu viúvo, aprendi a agradecer às pessoas de coração generoso que me davam um pão ou um prato de comida, no transcurso do dia... (...) quantos me prestaram esse benefício se fizeram para mim benfeitores que me livraram da tentação do furto.

⊡⊡⊡

Cremos que a caridade, em nossas áreas sociais, será sempre necessária, em suas demonstrações e vivências, porquanto, de um modo ou de outro, seremos sempre requisitados ao amparo mútuo, ainda mesmo quando tivermos resolvido o problema urgente da educação e da distribuição do trabalho em nossa vida coletiva.

⊡⊡⊡

Os espíritas que discutem excessivamente entre si não estão defendendo os interesses da Doutrina e sim os seus próprios pontos de vista.

⊡⊡⊡

Não vejo puro *"astralismo"* no Espiritismo, de vez que nós todos, os espíritas-cristãos, nos reconhecemos com trabalho incessante neste mundo mesmo!

⊡⊡⊡

Confesso que ainda estou lutando – e muito – a fim de colocar as construções de minha vida íntima ao nível dos conhecimentos que os benfeitores espirituais, por imensa bondade, me ofertaram, através dos livros e das mensagens que escrevem por minhas mãos.

❖❖❖

Sei o que devo ser e ainda não sou, mas rendo graças a Deus por estar trabalhando, embora lentamente, por dentro de mim próprio, para chegar, um dia, a ser o que devo.

❖❖❖

Se eu dispusesse de autoridade, rogaria aos homens que estão arquitetando a construção do Terceiro Milênio que colocassem no portal da Nova Era as inolvidáveis palavras de Nosso Senhor Jesus Cristo: *"Amai-vos uns aos outros como eu vos amei"*.

❖❖❖

O sentimento de ódio é um processo de auto-obsessão.

❖❖❖

Se um não revidasse quando fosse ofendido pelo outro, teríamos um número infinitamente menor de separações conjugais.

❖❖❖

A minha tarefa termina quando passo um livro às mãos dos editores. O resto é com eles, não é responsabilidade minha. Não vou responder pelo que fizeram. O livro vem, eu o recebo, entrego com documento em cartório. Quando preciso presentear um amigo, eu compro!

⊡⊡⊡

Diz Emmanuel assim: *"Você esteja certo de que na Terra os felizes não têm história"*.

⊡⊡⊡

São esses espíritos dominados por outros que os hipnotizam, robotizando-os, que se transformam nos *"exus"* de que temos conhecimento. Eles são como que programados mentalmente por inteligências poderosas, mas convertidas ao mal para executar-lhes as ordens. No futuro, alguém escreverá detalhadamente sobre isso.

⊡⊡⊡

Quando um companheiro de Doutrina deixa o serviço, ele não tem mais aquela alegria de outrora.

⊡⊡⊡

Quando deixamos a tarefa, nos é mister retomá-la no exato ponto em que a abandonamos. Nós não podemos voltar e reiniciar, como se não houvesse acontecido nada, porque os companheiros que permaneceram fiéis agora estão à nossa frente!

⊡⊡⊡

"*Você quer parar, pare, mas nós vamos continuar!...*" (disse-
-lhe Emmanuel a respeito do caso Humberto de Campos, em
1944). "*Existe muito médium por aí!* Vamos arranjar alguém
que talvez o substitua, até com certas vantagens!"

⊡ ⊡ ⊡

Para mim, o homem mais rico é o que possui menos necessidades.

⊡ ⊡ ⊡

O nosso problema é justamente este: queremos alcançar o
Céu vivendo fora do óbvio na Terra!

⊡ ⊡ ⊡

Observando-nos nesta noite, eu me lembrei de que a maioria de vós outros deve naturalmente ser aqueles "*irmãos do
Arco-Íris*", aqueles que eu via nos primeiros tempos das mensagens primeiras, que voltaram à Terra, que tomaram o corpo e hoje estão na vida física, que se identificaram outra vez
com o trabalho espiritual e que sempre me estenderam os
corações e as mãos, através de gestos de bondade, que eu
não saberia enumerar!

⊡ ⊡ ⊡

Eu não posso cair, porque nunca me levantei!

◪◪◪

Mais importante que ser médium é ser bom.

◪◪◪

Muita gente me pergunta o que deve fazer para desenvolver a mediunidade, mas quase ninguém me pergunta o que deve fazer para desenvolver a bondade.

◪◪◪

A ponte carcomida pelo tempo pode não mais suportar o peso dos veículos que transitam por ela, transportando pesadas cargas, mas ainda pode oferecer passagem para os que levam nas costas os fardos de alimento para os irmãos que esperam do outro lado.

◪◪◪

Emmanuel me ensinou que só médium que se considera infalível dispensa o uso de uma borracha.

◪◪◪

Este, meu filho (falando a uma criança que tocava chocalho), é o instrumento mais importante da banda, porque rima com trabalho!

⊡ ⊡ ⊡

Chico Xavier (*falando de si mesmo*) não passa de um sapo carregando uma vela acesa nas costas... Os pingos da vela derretida me fazem saltar e cumprir com o meu dever!

⊡ ⊡ ⊡

Comece nas fileiras de baixo. A mediunidade não coloca ninguém acima dos outros.

⊡ ⊡ ⊡

"*Chico, dizem que eu estou querendo ser igual a você...*"
Ah, então você está querendo ser igual a um verme!!!

⊡ ⊡ ⊡

Certa vez, eu como que disse a ela (*a uma cachorrinha, à qual se afeiçoara num posto de gasolina, entre Uberaba e São Paulo*): "*Você não sabe quanto ainda vai lhe custar esta amizade com Chico Xavier...*" Dito e feito: um nosso irmão perturbado, que vivia nas imediações, atirou álcool na pobrezinha, que, aliás, estava prenhe, e ateou-lhe fogo!...

⊡ ⊡ ⊡

Eu não sou dono da terra e nem das sementes. Sou apenas um pobre lavrador que foi chamado à tarefa de semear.

⊞⊞⊞

Ninguém deve perder a oportunidade de falar no nome de Deus para uma criança.

⊞⊞⊞

Sem a cooperação do lar cristão é quase impossível a escola cristã operar com eficiência necessária.

⊞⊞⊞

Não será justo exigir que a professora, ou o professor, edifique prodígios no caráter de um filho que abandonamos e, às vezes, até frustramos com a nossa – permitam-me a palavra – irresponsabilidade diante de Jesus.

⊞⊞⊞

Doutrina Espírita é falar com palavras simples que falam ao coração, é renovar esperanças, é providenciar o estudo, a educação religiosa, e quanto possível suprir àqueles que necessitam do alimento, do remédio, do agasalho, do emprego. É fazer, enfim, o que Jesus fez, na simplicidade e na humildade. Doutrina Espírita é servir, sem o menor interesse de qualquer espécie. É a graça de Deus.

⊞⊞⊞

Do ponto de vista técnico, não sei responder. Pela prática da vida, creio que o desenvolvimento mediúnico é o aumento da intimidade do médium com as entidades espirituais ou a penetração gradativa da pessoa humana na esfera de atividades da alma, habitualmente invisível para os olhos comuns.

⊡⊡⊡

Emmanuel me deixa livre para escolher os livros que eu deseje e dedica muito apreço a todas as obras que analisam seriamente a mediunidade. Mas desde 1931 me aconselha a estudar constantemente o *Novo Testamento* e a codificação de Allan Kardec.

⊡⊡⊡

Espírita sem sofredor atrás não está com o Cristo.

⊡⊡⊡

Emmanuel, Dr. Bezerra de Menezes, Batuíra, André Luiz e outros instrutores da Espiritualidade nos dizem sempre que o Espiritismo sem trabalho de auxílio aos semelhantes, com base em nossa própria reforma íntima, deixa de ser o Cristianismo redivivo que é, e deve ser, para ficar isolado em teorias e afirmações estanques.

⊡⊡⊡

E a sopa? Emmanuel está dizendo que quando a gente inaugura um centro ao meio-dia a sopa deve começar às duas da tarde!

⊡ ⊡ ⊡

O médium é como um fio elétrico, que liga a Terra ao plano espiritual. Há fios bons condutores, outros não.

⊡ ⊡ ⊡

A casa espírita pode ser tudo: centro espírita, casa de sopa, farmácia, creche, livraria, abrigo para idosos e mais outras coisas. Mas nunca se esqueçam de que o espírita está na Terra para evangelizar!

⊡ ⊡ ⊡

Os mensageiros do Senhor, nossos preceptores de sempre, nos conduzirão para o melhor desde que sejamos alunos com a frequência desejável na escola do serviço.

⊡ ⊡ ⊡

Quando o sentimento ilumina a cabeça, ela entende e não tem cobrança nenhuma de nada.

⊡ ⊡ ⊡

Por que não estabelecermos o *Dia da Terra*, em que todos os espíritos encarnados dediquem algum tempo a proteger um manancial, a plantar uma árvore benfeitora, a socorrer um jardim, a reparar uma estrada ou a curar uma chaga de erosão na gleba produtiva?

🞕🞕🞕

Enquanto estamos na tarefa, o braço da Misericórdia Divina segura a lâmina da Divina Justiça.

🞕🞕🞕

A Terra nunca recebeu tanta gente boa como agora!

🞕🞕🞕

À medida que buscamos, através do serviço ao próximo, sintonia com os bons espíritos, afastamo-nos, naturalmente, da ligação com os maus. É da lei das sintonias.

🞕🞕🞕

Reconhecemos que devemos combater os tóxicos através de uma intensificação do amor na assistência afetiva mais intensa junto de nossos filhos.

🞕🞕🞕

Em toda parte, há bondade. Em toda parte, há vontade de auxiliar, mas, no fundo, há um certo descaso pela formação da alma, um certo descaso pelo sentimento cristão que orienta a vida e sem o qual a felicidade é impossível.

▣ ▣ ▣

Vamos orar, pedir a Deus que nos ajude, que nos inspire e que dê à mãe brasileira este espírito de heroísmo no lar, de sacrifício silencioso, de renunciação em favor da família evangélica, porque nós sabemos que os outros povos vão precisar do padrão de vivência no Brasil, num futuro próximo ou remoto.

▣ ▣ ▣

A Divina Providência determinou, assim, que nossa Mãe Santíssima fosse a autoridade suprema para receber Nosso Senhor Jesus Cristo e no-lo entregar para a renovação e aperfeiçoamento dos povos.

▣ ▣ ▣

Mais tarde, vemos Jesus chamando outra mulher – Maria de Magdala –, que fora convocada por ele, da vida mundana menos feliz para a vida espiritual superior, a fim de se encarregar da mensagem da ressurreição.

▣ ▣ ▣

Nós podemos ter um dinheiro que está desvalorizado, nós podemos ter uma indústria que está na retaguarda, nós podemos ter processos, vamos dizer, de trabalho, de organização, de disciplina que ainda deixam a desejar, mas nós temos uma fé cristã que nos aproxima uns dos outros. Nós temos aquele espírito que nos torna incapazes de ficar insensíveis diante da dor do nosso próximo.

❑❑❑

Infelizmente, muitos médiuns acham que mediunidade é só contato com os espíritos.

❑❑❑

Magoar alguém é terrível.

❑❑❑

Muitos livros vieram depois e continuam vindo, mas a emoção do *"Parnaso"* editado foi uma das maiores alegrias da minha vida!

❑❑❑

O espírita deveria ser mais preocupado com a sua própria necessidade de iluminação.

❑❑❑

Tenho visto vários espíritas desencarnados lamentando a sua situação no Além.

❑❑❑

O fenômeno em um templo de orientação kardecista deve ser acessório e nunca, sem dúvida, atividade essencial.

❑❑❑

Sou adepto da verdade, mas acho que a verdade não deve ser lançada na cara de ninguém.

❑❑❑

Essa democracia espiritual que impera na Doutrina dos Espíritos nos vacinará sempre contra os chamados quistos religiosos, porque as nossas próprias brigas internas nos previnem contra isso.

❑❑❑

Precisamos seguir com o Evangelho, pois as nações que dele se afastaram estão todas caindo pelo excesso de inteligência.

❑❑❑

Os espíritos nos ensinam a valorizar cada vez mais a influência da oração em nossos processos de cura, mormente quando estejamos sob impactos emocionais muito fortes, que podem determinar a eclosão de muita moléstia obscura.

❑❑❑

Conquanto o próprio Jesus haja dito que o reino de Deus está dentro de nós, sem contrariar de modo algum a afirmativa do divino Mestre, estamos ainda na condição do diamante bruto requisitando, por muito tempo, a passagem de nossa personalidade humana através das oficinas de lapidação, que, no caso, são os sofrimentos e as vicissitudes de nossa existência na Terra, até que o esmeril da experiência nos aperfeiçoe de tal maneira que venhamos a refletir a presença de Deus em nós mesmos, tal qual o brilhante finamente aprimorado consegue refletir a luz do sol!

◫ ◫ ◫

Estamos numa Doutrina tão maravilhosa, que não nos pede nada, não nos exige nada!... Mas exatamente por que nada nos pede e nem exige nós nos sentimos na obrigação de dar a ela alguma coisa.

◫ ◫ ◫

Certo dia, há muitos anos, eu quis estudar o fenômeno da psicografia em mim mesmo e no meu entusiasmo pelo assunto fui consultar Emmanuel sobre o que pensava a respeito. Recebi dele uma resposta belíssima, dizendo-me que se a laranjeira quisesse estudar pormenorizadamente o que se passa com ela na produção das laranjas, não produziria fruto algum.

◫ ◫ ◫

Eu vivo muito alegre, muito feliz! Trabalho, tenho sempre muita gente em volta de mim! Muita, muita gente na minha vida – é disso que eu gosto!

☐ ☐ ☐

Deus pode perdoar, mas é a nossa consciência que não nos perdoa.

☐ ☐ ☐

A vida continua, mas devemos aproveitar aqui o máximo! O nosso corpo custou muito a nossos pais, à nossa mãe.

☐ ☐ ☐

Se nós nos julgamos pequenos, fracos, incapazes, jamais faremos coisa alguma.

☐ ☐ ☐

Você tira o "h" de Chico, acrescenta um "s", fica "cisco". Sou um "cisco"!

☐ ☐ ☐

Devemos ocupar os espaços vazios com as obras do bem para auxiliar os trabalhos dos espíritos superiores.

☐ ☐ ☐

Devemos escrever com simplicidade para o entendimento das pessoas. Eu sou do povão!

⊞ ⊞ ⊞

Até livro pornográfico ensina. Ensina-nos o que não se deve fazer.

⊞ ⊞ ⊞

Devemos diluir uma gota de verdade num litro de amor e aplicar gota a gota.

⊞ ⊞ ⊞

O ódio é o amor que adoeceu; é o vinho que se transformou em vinagre e para mudar o ódio em amor é preciso fazer-se o contrário – transformar o vinagre em vinho.

⊞ ⊞ ⊞

Eu desceria à crosta da Terra para amar uma serpente.

⊞ ⊞ ⊞

Os espíritas têm dentro do centro o Evangelho prático. O povo espera de nós, lá fora, o Espiritismo praticado.

⊞ ⊞ ⊞

Não há gesto mais bonito, na face da Terra, que um pão doado com Evangelho. Agrada muito a Jesus!

◫◫◫

Um filho é um tesouro, mas também é uma tesoura cortando nossas arestas.

◫◫◫

Brasileiros são todos aqueles que quando Nóbrega e Anchieta chegaram encontraram no Brasil. Nós não, somos milenares: passamos pela Índia, Babilônia, Egito, Grécia, Judeia, Roma, França, e agora estamos no Brasil!

◫◫◫

Meu filho, não perca tempo em me defender, porque quem era já foi. Então, já passei, eu estou na carne porque sou teimoso, mas eu vou teimando com Jesus e Kardec, porque o dia em que eu ficar sem Jesus e Kardec eu quero realmente morrer, porque não tem sentido, para mim, a vida.

◫◫◫

Tira o "z" e bota o pessoal para trabalhar! Essa gente precisa de "pá", além de "paz".

🎔🎔🎔

Quando uma pessoa está comunicando animicamente, você deve conversar com ela como se estivesse incorporada – é a mesma coisa. É um espírito encarnado que você está doutrinando.

🎔🎔🎔

Estou muito feliz! Estou em paz! Meu recado foi dado. Não arruinei ninguém. Não maltratei ninguém. Não feri ninguém. Não reclamei de ninguém. Meu recado está dado! Agora, estou pegando o bilhete de volta!

🎔🎔🎔

Pela manhã, eu tomo, entre sete e nove horas, cerca de vinte comprimidos, e eu preciso deles para cuidar deste meu corpo, que eu valorizo. Oro sempre pelos médicos. Eu converso com os meus membros, valorizando o trabalho que eles prestam para mim, e com a ajuda dos remédios eu posso dar ao meu corpo uma condição melhor para que ele possa continuar me servindo nesta vida. E quanto a comer carne, eu ainda preciso muito da proteína da carne.

🎔🎔🎔

Nenhuma prece dirigida a Jesus fica sem resposta.

🎔🎔🎔

De fato, eu vivi naquela época, só que eu devo ter sido um daqueles leões que comiam os cristãos. Quanto a ir para o Céu, poderá ser *Centro Espírita Umbralino* – CEU!

◻ ◻ ◻

Meu corpo tem que ter disciplina. Se ele não for para o trabalho, vão jogar terra sobre ele. Ele tem que aprender: ou ele vai para o trabalho ou ele vai para a sepultura.

◻ ◻ ◻

Faça o bem o máximo possível, que você sairá deste estado de depressão, deste estado de tristeza, desta insatisfação, desta vontade de fugir da vida. Verdadeiramente, ninguém consegue fugir da vida.

◻ ◻ ◻

É melhor você doar somente o fubá, porque a farinha você não vai aguentar. O fubá é um alimento maravilhoso! Se esforcem para que vocês continuem doando o fubá.

◻ ◻ ◻

Não, meu filho, não me cubra não. Você só poderá me cobrir (*estava chovendo*) depois que cobrir todas as nossas irmãs que estão caminhando conosco!

⊡ ⊡ ⊡

Eu passei um telegrama para Jesus aqui nesta mesa, pedindo a Jesus o meu remédio. O remédio veio e eu não consigo agradecer a esse amigo, porque não tem o nome do remetente.

⊡ ⊡ ⊡

Às vezes, está me doendo tanto e eu não tenho o direito de falar das minhas dores, porque quem me procura o faz para falar dos problemas que está passando, e nós temos que ter sempre um pouco mais de nós para dar àqueles que nos procuram.

⊡ ⊡ ⊡

Passe é sentimento do coração! Como nós podemos ensinar uma mãe a dar o passe? Ela fala mais pelo coração, porque pede pelos seus entes queridos. O povo se preocupa muito em fazer curso aqui, curso ali, e se esquece de trabalhar.

⊡ ⊡ ⊡

Algemas podem ser de ouro, mas são algemas.

⊡ ⊡ ⊡

Se o cientista aceita a reencarnação como fenômeno vital, um fenômeno qualquer, já é muita coisa, mas vai adiantar pouco se o fenômeno não estiver revestido de significado moral.

❑❑❑

Seria importante estudar a reencarnação com a *Lei de Causa e Efeito* para que, sabendo eu que o fogo queima, e aquilo traz dor, eu não ponha a mão no fogo.

❑❑❑

A vida está toda encerrada em nós. Na vida, nós pagamos ou recebemos conforme aqui dentro – neste universo de pé à cabeça e de braço a braço!

❑❑❑

A personalidade divina de Jesus deve continuar no mais alto respeito de nossa parte. A civilização, forrada no Evangelho, deve respeitar as diretrizes capazes de operarem nossa libertação espiritual em geral. Devemos conservar, em nossos templos cristãos, a máxima veneração para com aquele que nos deu a paz, a vida, o amor e a felicidade.

❑❑❑

Humanizar o Espiritismo para que nós compreendamos que médiuns, doutrinadores espíritas, simpatizantes do Espiritismo são criaturas humanas capazes de errar.

❑❑❑

Meu filho, um homem agonizava no campo. Ele havia sido muito importante no movimento revolucionário, mas morria sozinho. O bispo de Paris, informado a seu respeito, mandou preparar a carruagem para visitá-lo. A miséria se espalhava nas ruas e nas estradas. Corpos insepultos estavam por toda parte. Aproximando-se do agonizante, com o propósito de confortá--lo, o bispo de Paris procura humilhar-se, ajoelhando-se diante dele. Conversando, apesar da rica indumentária que trajava, disse o prelado que não passava de um "verme". Ao que o moribundo replicou, indignado: "Mas um verme de carruagem???"

🔲🔲🔲

Deus tem me concedido "presentes", que se à primeira vista parecem ter sido pesados na verdade não o foram. Aos 10 anos de idade, tive um enorme tumor no calcanhar, que me impediu de caminhar por muito tempo; aos 20, sofri a chamada "doença de São Guido", que muitas pessoas, na época, atribuíram ao exercício da mediunidade; aos 30, fui considerado tuberculoso pelo médico em Pedro Leopoldo; aos 40, em consequência de uma grave retenção urinária, surgiram diversos tumores, que se espalharam por todo o meu corpo; aos 50, veio a angina pectoris; aos 60, o enfarte; aos 70, o problema de locomoção complicou-se com uma pneumonia e uma super angina. Mesmo assim eu não tenho o direito de dizer que os "presentes" que Deus tem me enviado são pesados. Eles foram e são leves, em favor de minhas necessidades de reajuste.

🔲🔲🔲

Esta flor que dança me faz pensar na mediunidade. Ser médium é ser mais ou menos assim. A gente dança conforme a *"música"* que os espíritos tocam. E como ela está presa ao vaso, sem poder sair, nós estamos presos ao dever.

◙◙◙

Jesus pregou o Evangelho em fuga.

◙◙◙

Quanto a eu ter sido excomungado até à quinta geração (*falando com uma de suas irmãs*), você não se preocupe com isso, porque não haverá nem a primeira! Você está desperdiçando as suas lágrimas!

◙◙◙

É preciso muito cuidado, pois os nossos irmãos desencarnados ainda carentes de luz atacam, no momento, as lâmpadas. Depois atacarão os postes e mais tarde investirão, furiosos, contra a usina.

◙◙◙

A física da Terra não poderá prescindir da lógica de Deus.

◙◙◙

Não será lícito perdermos tempo em contendas inúteis quando o trabalho do Cristo reclama o nosso trabalho.

◧ ◧ ◧

Todas as nossas figurações mentais, o conjunto de nossas lembranças, as nossas alegrias íntimas e os nossos ressentimentos, as nossas dores, as nossas aspirações formam o conjunto do clima em que a nossa desencarnação se verificará.

◧ ◧ ◧

Se o homicida conhecesse, de antemão, o tributo de dor que a vida lhe cobrará, preferiria não ter braços para desferir qualquer golpe.

◧ ◧ ◧

Não creia em salvadores que não demonstrem ações que confirmem a salvação de si mesmos.

◧ ◧ ◧

Na esfera carnal, a glória e a miséria constituem molduras de temporária apresentação.

◧ ◧ ◧

Toda crise é fonte sublime de espírito renovador para os que sabem ter esperança.

⊞ ⊞ ⊞

Quando a gente escuta um grito de guerra soando em qualquer parte do mundo, seja no Iraque, na Cochinchina, na Rússia, na Inglaterra, na França, nós sentimos muita dor. Porque nos dói pensar no sofrimento das mães que criaram seus filhos até à maioridade, às vezes com imenso sacrifício, de se verem privadas dessa mocidade que veio para iluminar o mundo e criar novos caminhos para nós.

⊞ ⊞ ⊞

Berço e túmulo são simples marcos de uma condição para outra.

⊞ ⊞ ⊞

No Carandiru, em São Paulo, não queriam me deixar apertar a mão dos detentos. Era época de Natal. Então, perguntei a um dos diretores por que é que eles me haviam convidado. Como é que eu poderia comparecer ali, fazer uma prece, falar de Jesus e não me aproximar dos detentos?

⊞ ⊞ ⊞

Eu penso que o mundo está caminhando para uma tragédia, mas será uma tragédia criada pelo próprio homem.

⊡ ⊡ ⊡

Se nós fomos trazidos à vida física em regime de esquecimento terapêutico para que as nossas feridas espirituais sejam curadas, o problema da regressão da memória deve ser estudado ou praticado com limitações máximas!

⊡ ⊡ ⊡

Uma das provas maiores da existência dos espíritos é o chamado complexo de culpa. Porque se não fôssemos portadores de uma vida espiritual intensa, uma vida espiritual genuína, por que tínhamos que sofrer dores, que se manifestam em nossa própria consciência?

⊡ ⊡ ⊡

Eu quero dizer de mim mesmo, porque, muitas vezes, eu peço: *"Senhor, tenha compaixão de mim... Permita-me que eu pague em serviço!"*... Porque é muito melhor pagar em serviço do que pagar em cima de uma cama, sofrendo dores terríveis, sem rendimentos no bem para os outros ou para mim mesmo.

Aquilo que é mal, às vezes, é o bem mal-interpretado – é o bem retardado em nosso próprio benefício para que nossa vida tenha maior soma de bênçãos.

⊡ ⊡ ⊡

Nosso amigo André Luiz costuma imprimir uma nova expressão à frase, asseverando: "*O coração da cultura é a cultura do coração*", enfatizando a nossa necessidade de sublimar os próprios sentimentos.

⊡ ⊡ ⊡

Eu sou uma besta espírita, mas não sou um espírita besta.

⊡ ⊡ ⊡

Para mim, centro espírita tinha que abrir todo dia, o dia inteiro.

⊡ ⊡ ⊡

As regiões espirituais são mais vastas que as regiões físicas do Universo que conhecemos – um Universo mais amplo dentro de outro! *Nosso Lar,* descrito por André Luiz, é apenas um pedacinho!...

⊡ ⊡ ⊡

Várias vezes, eu visitei, com Emmanuel e André Luiz, as regiões do Umbral... Não vi por lá uma criança sequer, mas pude observar muitos pais que se responsabilizaram pela queda dos filhos – mais pais que mães!...

⊞ ⊞ ⊞

Se soubéssemos o que nos espera no Além, não dormiríamos sem recorrer aos benefícios da prece.

⊞ ⊞ ⊞

Os espíritos ainda não encontraram uma palavra para definir a dor de um coração de mãe quando perde um filho.

⊞ ⊞ ⊞

Se Allan Kardec tivesse escrito que fora do Espiritismo não há salvação, eu teria ido por outro caminho.

⊞ ⊞ ⊞

Trabalhe, trabalhe muito, trabalhe até você cair! Quando a gente desmaiar de cansaço de tanto trabalhar, eles (os obsessores) não nos poderão pegar.

⊞ ⊞ ⊞

Vimos os astronautas saírem daqui e, de longe, a Terra pareceu-lhes uma estrela... Não é maravilhoso morarmos numa estrela?

◘◘◘

O Dr. Bezerra está me dizendo que quando a nossa vida está por um fio, quanto mais a gente trabalha mais o fio engrossa!

◘◘◘

A vida é igual a uma escadaria e só a subimos com muita pancadaria.

◘◘◘

Nós poderíamos comparar o dinheiro ao sangue que circula em nosso corpo. Dinheiro parado traz trombose e colapso no corpo social.

◘◘◘

O Espiritismo não é conformista. Ele nos pede paciência para esperarmos os processos da evolução humana.

◘◘◘

Allan Kardec dividiu o Espiritismo em filosofia, ciência e religião. Na parte religiosa, que deveria ser a mais extensa, ele se deteve, porque as autoridades naquele tempo exerciam poderoso domínio sobre os grupos sociais. Por isso, orientado pelo Espírito de Verdade, ele aguardou o futuro e as condições favoráveis para desenvolver a parte religiosa.

⊡ ⊡ ⊡

"Começar é fácil, continuar é difícil e chegar ao fim é crucificar--se", diz o nosso Emmanuel para designar uma tarefa cristã.

⊡ ⊡ ⊡

Ainda sabendo que a morte vem de Deus – quando nós não a provocamos –, não podemos, por enquanto, na Terra, receber a morte com alegria, porque ninguém recebe um adeus com felicidade, mas podemos receber a separação com fé em Deus, entendendo que um dia nos reencontraremos todos numa vida maior, e essa esperança deve aquecer-nos o coração.

⊡ ⊡ ⊡

Admitimos que a reencarnação, se efetuada pelo tubo de ensaio, se efetuará em bases de amor no ambiente a que o espírito reencarnante for conduzido. Isso na hipótese da humanidade progredir moralmente, passando a merecer esse tipo de reencarnação – obviamente com muito menos entraves para a criatura que tomará novo corpo entre os homens.

⊡ ⊡ ⊡

CARLOS A. BACCELLI

Olha, gente, a ciência vai desenvolver o ser humano no laboratório. Eles (*os cientistas*) vão fabricar um enorme útero no laboratório e aí dentro vão gerar o ser. Levarão, talvez, de 200 a 400 anos até conseguirem realizar. Mas vão realizar. Aí libertarão a mulher do parto. E tem outra coisa: nesse útero, os espíritos vão reencarnar, tudo direitinho, sem problema. Esse fato não vai alterar coisa alguma, a ciência vai conseguir isso. Ora, a ciência é obra da Espiritualidade através dos missionários!

☐ ☐ ☐

Eu recebi um livro de André Luiz e deixei os originais na prateleira, numa caixa, e quando fui procurá-los estavam feitos em pó. Alguns ratos espirituais o roeram!...

☐ ☐ ☐

A população de nosso globo, incluindo os encarnados e os desencarnados, é de trinta bilhões de almas.

☐ ☐ ☐

Quando estou recebendo algum livro, a *"pressão mediúnica"* se torna muito grande. Os espíritos maus, então, vêm, desafiam-me e me atacam. Dizem nomes feios, horríveis! Quando recebi *"Libertação"*, me aconteceu o seguinte: voltava para casa quando defrontei na estrada mais de seiscentos espíritos maus que me atacaram. Diziam impropérios. Vociferavam. Muitos armados de paus.

◫ ◫ ◫

Agora é a plantação, depois será a colheita. Há tempo de plantar e tempo de colher. O bem que fizermos agora nos justificará depois.

◫ ◫ ◫

Nosso entendimento com Emmanuel se realiza de diversas maneiras: pela vidência e audiência, psicografia e incorporação. Depende da situação e da possibilidade, assim como do ambiente.

◫ ◫ ◫

Eu, às vezes, tenho-me perguntado onde andam os grandes músicos: Chopin, Beethoven e outros. Emmanuel, porém, me respondeu que andam reencarnando por aí, a fim de conquistar a humildade, a caridade, o amor ao próximo, de modo a consolidarem a fé.

◫ ◫ ◫

Se esperarmos uma perfeição absoluta para o médium, a fim de que ele trabalhe a benefício dos semelhantes – comenta muitas vezes o espírito do nosso benfeitor Emmanuel –, essa criatura só teria trabalho quando chegasse ao céu.

◫ ◫ ◫

A religião é mais importante, porque com a luz da religião a ciência poderá trabalhar em paz, de vez que a ciência precisa de paz para trabalhar e a filosofia poderá indagar em paz, porquanto precisa pesquisar com tranquilidade; e sem religião em nosso espírito, seja ela qual for, sem uma fé na existência de Deus, sem que nosso pensamento se volte para a grandeza da vida, para a imortalidade da alma – para os diversos aspectos em que a Divindade se manifesta para nós outros –, nós, naturalmente, cairíamos na desordem psíquica, estabeleceríamos o caos em nós e fora de nós, porque não saberíamos governar-nos.

🞐 🞐 🞐

Adquirindo culpas intensas e profundas, é muito natural que a criatura renasça com problemas de esquizofrenia, mas acreditamos que a ciência, mais tarde, segundo a necessária permissão do Alto, sanará perfeitamente a moléstia em descobrindo, com o amparo da Misericórdia Divina, o caminho para restabelecer o nível de distribuição das substâncias químicas no cérebro enfermiço, para que essa distribuição atinja a circulação desejável.

🞐 🞐 🞐

Eu me sinto feliz de ser obstinadamente médium. Eu gosto de ser médium, gosto dessa palavra! Quero morrer médium. É tudo o que eu sempre quis ser!

❑❑❑

Na volta do cemitério, vi a diferença entre minha mãe e a senhora com quem eu devia viver. Quando eu andava ao lado de minha mãe, ela encurtava o passo para acompanhar os meus, e me dava a mão. Tive que apressar as minhas pernas de cinco anos para estar ao lado da outra, e fiquei feito bobo, balançando a mão, à procura dos dedos da "madrinha". Ainda hoje sinto, no braço, a triste sensação do vazio, da procura inútil.

❑❑❑

Resisti aos impulsos, e não foi fácil. Outro dia, a grande poetisa goiana Cora Coralina dizia a uma repórter: "Eu, os velhos... mesmo os velhos têm direito aos sonhos eróticos. Sonhos maravilhosos!..."

❑❑❑

A estrada larga, pavimentada, é mais suscetível de desastres, porquanto a velocidade é ameaçadora. A estrada estreita, entulhada, por outro lado, nos faz caminhar com mais cuidado, com mais zelo.

❑❑❑

Vemos que Jesus convidou doze discípulos. Eram discípulos humanos tanto quanto nós para que não fôssemos instruídos por anjos, pois senão nada entenderíamos da Doutrina do

Cristo. Teríamos que entender a Doutrina com os discípulos também humanos, frágeis, portadores de deficiências como as nossas.

❑❑❑

As provações da Terra, de que tanta gente se lastima, são asas que, convenientemente usadas, se transformam em planadores que impulsionam a pessoa humana para "cima".

❑❑❑

Não tenho dúvida. Se, algum dia, eu fugir do roteiro traçado, os espíritos me jogarão debaixo das rodas de um carro!

❑❑❑

É isto que nós, os espíritas, precisamos entender: estamos todos encarcerados em nós mesmos. Precisamos perder a ilusão de um céu próximo, de uma santidade imaginária, de ter feito sem fazer, de estar próximos do reino de Deus.

❑❑❑

O *Velho Testamento*, que é a palavra dos profetas, é o homem desesperado com os problemas da vida criados por ele mesmo, batendo à porta de Deus. O *Novo Testamento*, contendo os ensinamentos de Jesus, é a resposta de Deus ao homem de todos os tempos.

❖❖❖

Até hoje, já li o *Evangelho* e o *O Livro dos Espíritos* umas duzentas vezes!

❖❖❖

Papa? Eu??? Só se for papa de angu na panela!

❖❖❖

Olha, gente, devemos nos ligar mesmo só em Jesus, porque só Jesus não nos hipnotiza!

❖❖❖

Não sei, pelo tempo já registrado, se será curto ou longo o tempo de trabalho que me resta, mas, de uma forma ou de outra, rejubilo-me ao pensar que a bondade infinita do Cristo, nosso divino Mestre, se condoerá de mim e me permitirá a alegria de continuar trabalhando na mesma estrada em que tantas bênçãos me cobrem os defeitos que ainda carrego!

❖❖❖

Cinquenta e nove janeiros parecem grande parcela de tempo, entretanto, tenho a ideia de que os tenho condensados na memória, dando, talvez, a impressão de cinquenta e nove minutos, tamanha é a precisão com que me lembro de todas as minudências do trabalho.

❏ ❏ ❏

Se estamos trabalhando com uma enxada, com um determinado instrumento, é nossa obrigação trazer essa enxada sempre bem tratada. Se a ferrugem ataca, nós limpamos imediatamente. Se um bisturi sofre qualquer ofensa do tempo, nós nos apressamos em colocá-lo em posição de servir. Então, nosso corpo também é um instrumento para nosso aperfeiçoamento espiritual; se a doença aparece ou se algum problema surge, então é de nossa obrigação tratar muito bem do corpo e colocá-lo em posição de trabalhar para que nossa vida não seja vazia.

❏ ❏ ❏

A Doutrina Espírita pode ser comparada a uma luz que nos foi entregue. Imaginemos uma lâmpada acesa... Sentimos aquela alegria imensa no primeiro momento, uma felicidade muito grande, descobrimos que a vida continua, que estamos a caminho da perfeição. Daí dois, três dias, a luz vai nos iluminando e vamos nos conhecendo por dentro, à maneira de uma casa abandonada há séculos. Entramos, então, nesse estado de inquietação, de amargura, que não devemos conservar. Precisamos manter a alegria de ter recebido aquela luz e devemos perseverar – ainda mesmo que as imperfeições se avolumem dentro de nós – como quem está reconstruindo a si mesmo.

⊡ ⊡ ⊡

Não corte onde você possa desatar.

⊡ ⊡ ⊡

A cada seis meses, eu saio para descansar um pouco, por cerca de um dia e meio, ou dois. Eu consigo esse descanso de uma forma interessante: é quando tenho a oportunidade de abraçar as árvores, que são minhas amigas. Elas me auxiliam bastante no refazimento das forças de que tanto preciso para o trabalho. Sou muito grato a Deus, que é nosso Pai.

⊡ ⊡ ⊡

Emmanuel tem autorização dos seus superiores para visitar Lívia uma vez por semana, mas, antes de vê-la, ele tem de passar pela *Câmara de Retificação* para se despojar dos fluidos pesados contraídos na Terra.

⊡ ⊡ ⊡

O espírita erra consciente.

⊡ ⊡ ⊡

Todo lugar onde o nome de Deus é invocado e se pratica o bem é sempre um lugar digno de ser frequentado.

❏❏❏

Jesus nos recomendou não atirarmos pérolas aos porcos. Mas também não disse para darmos lavagem. Pode ser uma ração, não é?

❏❏❏

Os espíritos descem até nós revestidos de material extraído do nosso meio ambiente. Com o esgotamento de tal *"matéria fluídica"*, eles se cansam e retornam a um ambiente mais sutil, nas colônias espirituais. A nossa psicosfera é bem grosseira para eles, asfixiante.

❏❏❏

Quando eu desencarnar, o meu corpo será uma farmácia, de tanto remédio que eu tomo!

❏❏❏

O Brasil está cem anos na frente dos Estados Unidos em sentimento.

❏❏❏

Meu filho, o dinheiro é uma bênção, mas ele tem uma força muito grande, e eu tenho muito medo dele.

⊡⊡⊡

Todos receberemos das leis da vida o que fizermos, quando fizermos e como fizermos.

⊡⊡⊡

Não adianta ser sábio sem ter amado primeiro.

⊡⊡⊡

Existe um aparelho, como se fosse um computador, que no instante em que se coloca o nome das pessoas no caderno de preces ele é digitado para o mundo espiritual superior. Também quando se faz a prece daqui da Terra os espíritos, na Espiritualidade, pegam as fichas das pessoas e vão atender em nome de Deus – isso tudo desde que a casa de amor seja séria.

⊡⊡⊡

Eu bonzinho, você bonzinho... Quem é que vai amansar o burro?

⊡⊡⊡

Quando você tiver que falar o que não deve, encha a boca de água e conte até dez.

⊞⊞⊞

Você ouviu o que eu disse da cebola? Pense em nosso planeta como se fosse uma, envolvido por inúmeras camadas. E você um dia vai saber que sua tarefa, em suas idas e vindas por aqui, nada mais é que saltar de uma camada para outra camada da cebola.

⊞⊞⊞

Quem engana, não apenas aos humildes, o que engana a qualquer pessoa, está enganando a si mesmo. Porque mais hoje, mais amanhã, a pessoa que engana acaba logrando a si própria.

⊞⊞⊞

Muitas vezes na vida fui defrontado por semelhantes desafios e se não rolei sob a maré das sombras foi pela intervenção de amigos espirituais que me deram apoio de salvação – que têm o nome de doença, provação, humilhação, desprezo humano e dificuldades de toda sorte.

⊞⊞⊞

Esses dias todos eu tenho pensado muito em Jesus e de tanto pensar nele, no episódio de seu sacrifício na cruz, estas duas feridas apareceram em meus pés... Peço a vocês não dizerem nada a ninguém. Poucos seriam capazes de entender. Eu não sou nada.

✠ ✠ ✠

Entramos na *Doutrina de Paz e Amor*, e sentimo-nos na intimidade de um palácio de ideias libertadoras que nos encantam, mas à medida que a Doutrina entra em nós já não mais
nos pertencemos.

✠ ✠ ✠

Os irmãos que provocam os obstáculos que devemos atravessar são numerosos, mas os companheiros que nos esten-
dem apoio e estímulo são, de tal modo, grandes de coração
que a gente chega a sentir neles algo do infinito amor de
Jesus a incentivar-nos a seguir à frente.

✠ ✠ ✠

Ai do Espiritismo se não fossem os espíritas fanáticos!

✠ ✠ ✠

Os espíritas estão desencarnando mal... Ainda não conversei
com nenhum desencarnado que se dissesse satisfeito com o
que realizou na Terra.

✠ ✠ ✠

Eu não sei a que associação eu vou pertencer. Eu não tenho
nenhum título. Só se for à *Associação dos Mendigos Espíritas*!

🔳🔳🔳

Assim tem sido a minha vida: uma busca incessante da face divina.

🔳🔳🔳

Você quer saber de uma coisa? Você está perdoado pelo que me fez, perdoado pelo que está me fazendo e perdoado pelo que você ainda irá me fazer!

🔳🔳🔳

O maior problema do homem na Terra é o do relacionamento. Todos os demais problemas humanos se originam dele. Sem dúvida, é o mais grave de todos os problemas com que o homem se defronta!...

🔳🔳🔳

Muitas vezes, noto que as mensagens dos nossos benfeitores da Vida Maior expressam respostas às ansiedades e indagações dos frequentadores, em muitos casos frequentadores de primeira vez.

🔳🔳🔳

Mediunidade, na essência, é afinidade e sintonia, estabelecendo a possibilidade do intercâmbio espiritual entre as criaturas que se identifiquem na mesma faixa de emoção e pensamento.

⊡ ⊡ ⊡

Que se aperfeiçoe o violino e o artista encontrará nele as mais amplas facilidades de expressão. Sem cooperador habilitado, a tarefa surge deficiente. A mediunidade, em si, depende do médium.

⊡ ⊡ ⊡

Os fenômenos mediúnicos existiram em todos os tempos. E em todos os distritos da atividade humana continuam a existir. A Doutrina Espírita é o Cristianismo redivivo esclarecendo mediunidade e médiuns para que as ocorrências mediúnicas edifiquem elevação e proveito em auxílio da humanidade.

⊡ ⊡ ⊡

Quando uma entidade de vontade fraca ou vacilante é hipnotizada por empreiteiros da crueldade, a desmagnetização é mais fácil de se efetuar; entretanto, quando é a própria entidade que se auto-hipnotiza, escolhendo aparecer em forma temível, a desmagnetização é muito difícil, porque terá de provir da própria inteligência desse irmão ou irmã que não quer se humanizar.

⊡⊡⊡

Eu nunca encontrei mães que não fossem anjos de Deus sobre a Terra. Elas todas são nossas benfeitoras!

⊡⊡⊡

Reencarnar não é fácil... O estado de infância é como se fosse um período de doença para o espírito.

⊡⊡⊡

Não, eu não tenho medo da morte. O problema é que eu sei que não adianta morrer, porque irei entrar na fila de uma nova reencarnação na Terra.

⊡⊡⊡

Quando perdemos alguém que amamos, sentimos uma lesão muito grande na alma e passamos a sofrer de um mal a que damos o nome de *"saudade"*, porque nos falta aquela presença, quer dizer, nos falta aquele complemento da nossa personalidade.

⊡⊡⊡

Não há na História nenhum personagem que substitua Jesus em nossos corações!

⊡⊡⊡

leia também

⊞ ⊞ ⊞

SEMENTEIRA DE LUZ

Voltando à Terra no século XIX, Neio Lúcio encarna a personalidade de Arthur Joviano, cujo núcleo familiar, em missão redentora de um passado longínquo, conta com as presenças de personagens descritos nos romances *50 anos depois* e *Renúncia*. Desprendido em 1934, Neio Lúcio inicia sua comunicação com a família, através da mediunidade de Chico Xavier, em reuniões semanais de culto evangélico na casa de Rômulo Joviano, em Pedro Leopoldo | MG. As mensagens, repletas de sabedoria e amor extremado por todos aqueles com os quais conviveu, são bem a confirmação dos compromissos reparadores que assumimos na Espiritualidade, alicerçados nos ensinamentos de Jesus para nos tornarmos legítimos semeadores da Boa Nova.

PELO ESPÍRITO NEIO LÚCIO
PSICOGRAFIA DE FRANCISCO CÂNDIDO XAVIER
ORGANIZAÇÃO DE WANDA AMORIM JOVIANO

DEUS CONOSCO

DEUS CONOSCO é o livro que dá sequência às revelações espirituais inéditas da psicografia de Francisco Cândido Xavier, trazidas a lume pela prestimosa organização de Wanda Amorim Joviano, com a colaboração de Geraldo Lemos Neto. As mensagens, recebidas em sua maioria no culto doméstico do Evangelho no lar da família Joviano, nas décadas de 30 a 50, na Fazenda Modelo, em Pedro Leopoldo | MG, são de autoria de Emmanuel, o espírito responsável pela materialização da extensa bibliografia que tanto esclarecimento e consolação verteram da Vida Maior para a face da Terra, através das abnegadas mãos de Chico Xavier. DEUS CONOSCO nos traz de volta ao convívio os memoráveis discípulos do Cristo, ligados desde priscas eras, cuja missão foi a da revivescência do Cristianismo puro e simples dos tempos apostólicos, no coração humilde e generoso das terras pacíficas do Brasil.

PELO ESPÍRITO EMMANUEL
PSICOGRAFIA DE FRANCISCO CÂNDIDO XAVIER
ORGANIZAÇÃO DE WANDA AMORIM JOVIANO E GERALDO LEMOS NETO

⊞ ⊞ ⊞

MILITARES NO ALÉM

Dentre os tesouros guardados por Wanda Amorim Joviano, MILITARES NO ALÉM, da lavra de Chico Xavier nos anos de 36 a 52, no mínimo surpreende pela atualidade das mensagens em torno da paz que a humanidade do século XXI tanto anseia. Fruto da sua ingente dedicação no desdobre das tarefas mediúnicas no culto do lar realizado durante muitos anos pelo *Grupo Doméstico Arthur Joviano*, na Fazenda Modelo, em Pedro Leopoldo | MG, esse livro relata, na perspectiva espiritual de muitos servidores da pátria, a realidade consoladora do *outro lado*, onde o trabalho pelo bem não cessa e a esperança é sentimento que inspira a vitória do amor preconizado por Jesus.

ESPÍRITOS DIVERSOS
PSICOGRAFIA DE FRANCISCO CÂNDIDO XAVIER
ORGANIZAÇÃO DE WANDA AMORIM JOVIANO

PÉROLAS DE SABEDORIA

Compulsados dos livros *Sementeira de luz* e *Deus conosco*, ambos organizados por Wanda Amorim Joviano, as frases e os textos apresentados no livro PÉROLAS DE SABEDORIA foram coletados e reunidos por Braz José Marques com o propósito de engrandecer o aprendizado de todos nós nos estudos evangélicos do dia a dia. As pérolas da Espiritualidade — aqui incrustadas na condição de joias valiosas — são fundamentais para o esclarecimento daqueles que delas se valerem, expositores ou não da Doutrina Espírita.

PELOS ESPÍRITOS EMMANUEL E NEIO LÚCIO
PSICOGRAFIA DE FRANCISCO CÂNDIDO XAVIER
ORGANIZAÇÃO DE BRAZ JOSÉ MARQUES

ILUMINURAS

ILUMINURAS é a primeira publicação de bolso da Vinha de Luz Editora. É composta de pensamentos e frases extraídos do livro *Deus conosco*, do venerável espírito Emmanuel, psicografado por Francisco Cândido Xavier nas décadas de 30 a 50, durante o culto cristão no lar do Dr. Rômulo Joviano, na Fazenda Modelo, em Pedro Leopoldo | MG. A riqueza dos ensinamentos evangélicos apresentados na obra fala por si só e atesta o amparo de nosso Senhor Jesus Cristo à divulgação da Doutrina Espírita, codificada pelo apóstolo Allan Kardec.

PELO ESPÍRITO EMMANUEL
PSICOGRAFIA DE FRANCISCO CÂNDIDO XAVIER
ORGANIZAÇÃO DE CEZAR CARNEIRO DE SOUZA

SEMENTEIRA DE PAZ

Volume que dá sequência ao roteiro de revelações espirituais do espírito de Neio Lúcio, que em última romagem terrena envergou a personalidade de Arthur Joviano, pai de Dr. Rômulo Joviano, diretor da Fazenda Modelo em Pedro Leopoldo | MG, onde Chico Xavier trabalhou por largos anos. As mensagens nele contidas surgiram espontaneamente pela psicografia de Chico Xavier a partir de 1935, na residência da família Joviano, na própria Fazenda Modelo, durante o culto do Evangelho no lar do *Grupo Doméstico Arthur Joviano*, a que Chico prazerosamente se dirigia depois de findos os seus trabalhos diuturnos, dando a *Deus o que é de Deus* após dar a *César o que é de César*. Recebidas por Chico Xavier de 1946 a 1948, as mensagens de Neio Lúcio foram batizadas de SEMENTEIRA DE PAZ, sendo esse novo livro, organizado por Wanda Joviano, dedicado ao centenário de nascimento de Chico Xavier (1910-2010), o *medianeiro do amor*.

PELO ESPÍRITO NEIO LÚCIO
PSICOGRAFIA DE FRANCISCO CÂNDIDO XAVIER
ORGANIZAÇÃO DE WANDA AMORIM JOVIANO

COLHEITA DO BEM

A autoria desse livro pertence ao professor Arthur Joviano, o estimado benfeitor espiritual que todos nós conhecemos com o nome de Neio Lúcio, personagem do romance *50 anos depois*, de quem recebemos valiosos ensinamentos dirigidos ao espírito imortal que vai vencer a morte e transpor os séculos. Chico Xavier psicografou as mensagens do livro durante o culto do Evangelho no lar da família Joviano, na Fazenda Modelo em Pedro Leopoldo, onde trabalhava. No *Colheita do bem* estão as páginas recebidas nos anos de 1949 a 1952, sendo, portanto, as últimas psicografadas na Fazenda Modelo, uma vez que em 1952 a família Joviano transferiu definitivamente sua residência para a cidade do Rio de Janeiro. *Colheita do bem* finaliza a série iniciada com o livro *Sementeira de luz*, seguido pelo *Sementeira de paz* — formando uma verdadeira trilogia da luz, da paz e do bem maior, que a todos nos une no carreiro da evolução espiritual para Deus.

PELO ESPÍRITO NEIO LÚCIO
PSICOGRAFIA DE FRANCISCO CÂNDIDO XAVIER
ORGANIZAÇÃO DE WANDA AMORIM JOVIANO

LUZ NA ESCOLA —
CHICO XAVIER NA ESCOLA JESUS CRISTO DE CAMPOS | RJ

Esse é um livro de Francisco Cândido Xavier, com mensagens psicografadas por ele durante visita de quatro dias à Escola Jesus Cristo, em Campos | RJ, em 1940. Contém comentários de seu organizador, Clóvis Tavares, testemunha ocular de todos os fenômenos ali ocorridos. Os textos desse volume representam uma reedição da sua primeira, pequena, única e esgotada edição, feita também em 1940, publicação de caráter doméstico da Escola Jesus Cristo, agora reeditada pela Vinha de Luz, que desempenha hoje um papel ímpar no resgate histórico da produção mediúnica de Chico Xavier.

ESPÍRITOS DIVERSOS
PSICOGRAFIA DE FRANCISCO CÂNDIDO XAVIER
ORGANIZAÇÃO DE CLÓVIS TAVARES E FLÁVIO MUSSA TAVARES

CHICO XAVIER — O PRIMEIRO LIVRO

Vinte anos antes de sua desencarnação, Chico Xavier revelou que sempre guardou no íntimo o desejo de publicar as belas produções mediúnicas que os amigos espirituais escreviam por seu intermédio, nos idos dos anos 20. Curiosamente, Chico confeccionava, com suas próprias mãos e com grande esforço, alguns exemplares com a finalidade de despertar os amigos para a possibilidade de um livro. Face à pobreza material com a qual vivia, ao médium restava a esperança de que algum desses amigos se interessasse pelo tema e, talvez, movimentasse os recursos necessários para uma publicação. De suas primeiras produções manuais, contendo, inclusive, a sua sensibilidade artística no desenho e na ilustração das mensagens, Chico conseguiu guardar durante toda a sua vida um único exemplar, que ao final de sua existência terrena entregou ao seu sobrinho-neto, Sérgio Luiz Ferreira Gonçalves, que no-lo apresentou para a devida divulgação. Esse é então, de fato e de direito, o primeiro livro de Chico Xavier, que a Vinha de Luz Editora da Casa de Chico Xavier de Pedro Leopoldo trouxe a lume, com a alegria de presentear o amado amigo Chico com a edição de seu *primeiro livro* no ano de 2010, ano de seu centenário de nascimento.

ESPÍRITOS DIVERSOS
PSICOGRAFIA DE FRANCISCO CÂNDIDO XAVIER
ORGANIZAÇÃO DE GERALDO LEMOS NETO E SÉRGIO LUIZ FERREIRA GONÇALVES

VIAJANTES —
A ESPIRITUALIDADE ILUMINANDO SUA MENTE E SEU CORAÇÃO ATRAVÉS DE CHICO XAVIER

Primeiro audiolivro da Vinha de Luz Editora, esse CD reúne 20 mensagens de espíritos diversos, psicografadas por Chico Xavier ao longo de seus 75 anos de labor mediúnico. Com um sugestivo título-tema e trilha sonora de rara beleza, VIAJANTES, organizado e interpretado por Fernando Peron, é um incentivo ao estudo sério e aprofundado de tão extraordinário patrimônio filosófico, científico e religioso legado a nós pelas mãos operosas e abençoadas de Chico Xavier.

ESPÍRITOS DIVERSOS
PSICOGRAFIA DE FRANCISCO CÂNDIDO XAVIER
ORGANIZAÇÃO E INTERPRETAÇÃO DE FERNANDO PERON

CHICO XAVIER —
A AURORA DE UMA VIDA ENTRE O CÉU E A TERRA

As mensagens aqui apresentadas foram psicografadas por Chico Xavier e publicadas no jornal espírita *Aurora*, dirigido por Inácio Bittencourt, entre julho de 1928 e abril de 1933. Nesses primeiros anos, Chico era ainda muito jovem, não sabia quem eram os espíritos que se comunicavam por meio dele, e era praticamente desconhecido fora das terras mineiras. A lucidez do jovem Chico Xavier ao comentar, ele mesmo, alguns trechos doutrinários sobre os postulados espíritas surpreende e seja em verso ou em prosa, sobre os mais variados temas, o leitor encontrará nesse livro preciosas lições de vida, ora nos ensinando a aceitar e a bendizer o sofrimento e as provas diárias, ora nos ensinando a viver uma vida verdadeiramente cristã e espírita, mostrando, por fim, quão breve é a existência terrena perante a eternidade do tempo.

ESPÍRITOS DIVERSOS
PSICOGRAFIA DE FRANCISCO CÂNDIDO XAVIER
ORGANIZAÇÃO DE JOÃO MARCOS WEGUELIN

LIÇÕES PARA ANGELITA

Quando Chico Xavier tinha apenas 20 anos, dois personagens importantes surgiram para marcar a sua vida: a menina Angelita e sua mãe extremosa. Esse livro contém 20 mensagens repletas de ensinamentos preciosos, repassados de mãe para filha, a partir do dia a dia que ambas vivenciam e também das perguntas que a menina faz sobre os mais diversos temas acerca da existência. São lições para todas as pessoas. A receita segura para a construção do homem de bem – meta que todos nós devemos buscar.

PELO ESPÍRITO JOÃO DE DEUS
PSICOGRAFIA DE FRANCISCO CÂNDIDO XAVIER
ORGANIZAÇÃO DE JOÃO MARCOS WEGUELIN

DEPOIS DA TRAVESSIA

Mais um volume da psicografia inédita de Chico Xavier, por espíritos diversos. A sua primeira parte é originária da fase do médium em Pedro Leopoldo, na Fazenda Modelo, na qual, após o serviço, frequentou o culto do Evangelho no lar do *Grupo Doméstico Arthur Joviano*, levado a efeito, semanalmente, pela família de Dr. Rômulo Joviano. Já a segunda parte é fruto da última fase da psicografia do médium em Uberaba, onde, nas sessões públicas do Grupo Espírita da Prece, recebeu o espírito da irmã, D. Luíza Xavier, em diversas oportunidades, a partir de 13 de julho de 1985. Permeando as comoventes mensagens desses espíritos sobre a própria sobrevivência além-túmulo, há fac-símiles de mensagens de Emmanuel e de Bezerra de Menezes, fotografias e escritos inéditos de Chico Xavier ilustrando as épocas e as personalidades citadas. A obra é, pois, instrutivo volume contendo valiosas informações sobre a vida espiritual depois da travessia dos umbrais da morte do corpo físico, a induzir-nos o espírito distraído no mundo a uma mais ampla reflexão sobre a imortalidade, patenteando-se-nos a real significação das palavras de Jesus, nosso Senhor e Mestre: "A cada um será dado segundo as próprias obras".

ESPÍRITOS DIVERSOS
PSICOGRAFIA DE FRANCISCO CÂNDIDO XAVIER
ORGANIZAÇÃO DE GERALDO LEMOS NETO E WANDA AMORIM JOVIANO
OBRA EDITADA EM PARCERIA COM A DIDIER EDITORA

MILITARES COM JESUS

As lições desse livro são de autoria de respeitáveis espíritos que passaram pela Terra na difícil experiência como militares. Portadores de grandes responsabilidades no dever, na disciplina, sobretudo integrados na justiça, propugnam, com amor, pela paz e pela felicidade dos povos, e do Brasil como pátria do Evangelho de nosso Senhor Jesus Cristo. São fragmentos extraídos do livro *Militares no Além*, psicografado por Francisco Cândido Xavier no período de 1936 a 1952 em Pedro Leopoldo, Minas Gerais, selecionados e organizados no presente volume como valiosos ensinamentos dos benfeitores da Vida Maior.

POR ESPÍRITOS DIVERSOS
PSICOGRAFIA DE FRANCISCO CÂNDIDO XAVIER
ORGANIZAÇÃO DE CEZAR CARNEIRO DE SOUZA

REGISTROS IMORTAIS

Registros imortais resgata para a história da Doutrina Espírita o trabalho de desobsessão e de esclarecimento aos desencarnados levado a efeito no Centro Espírita Meimei, fundado por Chico Xavier na Pedro Leopoldo dos anos 50. Por meio da psicofonia, Chico Xavier e diversos outros médiuns receberam mensagens da Vida Maior assinadas por espíritos sofredores e em evolução, em cujo cerne encontramos o Evangelho de Jesus como alicerce seguro para a vida imortal. Complementando as obras *Instruções psicofônicas* e *Vozes do Grande Além*, editadas pela Federação Espírita Brasileira em 1955 e 1957, respectivamente, esse livro é mais um documento importante para o Espiritismo no Brasil e no mundo, testificando a ingente capacidade mediúnica e caritativa do maior médium de todos os tempos e a valiosa contribuição de todos aqueles que com ele conviveram nessas tarefas consoladoras.

ESPÍRITOS DIVERSOS
PSICOFONIA DE FRANCISCO CÂNDIDO XAVIER
ORGANIZAÇÃO DE EUGÊNIO EUSTÁQUIO DOS SANTOS

CHIQUITO

CHIQUITO, da autora portuguesa Julieta Marques, conta um pouco da vida de Chico Xavier em linguagem acessível e direta, num convite ao amor, à humildade e à disciplina exemplificados pelo *médium do século*. Totalmente ilustrado, CHIQUITO é o segundo título da Vinha de Luz Editora voltado à evangelização infantil, que atende, sem dúvida alguma, às *crianças de todas as idades*.

JULIETA MARQUES

O VOO DA GARÇA —
CHICO XAVIER EM PEDRO LEOPOLDO | 1910-1959

Esse trabalho histórico, do pesquisador pedroleopoldense Jhon Harley, que conviveu por 21 anos com Chico Xavier, é mais uma contribuição para compreender a figura humana do médium mineiro. Utilizando instrumentos e orientações do campo da História, principalmente no que diz respeito ao uso e à interpretação das fontes orais, escritas e iconográficas disponíveis, o autor transitou entre o acadêmico e o poético, fazendo uma analogia entre uma revoada de garças, ocorrida em 2 de abril de 1910, e a permanência de uma delas entre nós.

JHON HARLEY

CHICO XAVIER —
O MÉDIUM DOS PÉS DESCALÇOS

Chico Xavier foi, durante toda a sua vida, a personificação do bem, do amor ao próximo e da humildade. Nesse livro, Carlos Baccelli relata casos pessoais em torno do médium mineiro e registra, por meio de cartas que agora torna públicas, sua amizade estreita com o maior representante do Espiritismo no Brasil e no mundo. O autor nos coloca em contato muito próximo com Chico Xavier. É como se estivéssemos frente à frente com ele, numa conversa intimista, repleta de ensinamentos. É quase uma conversa ao pé do ouvido — em que podemos sentir de novo, e mais uma vez, a sua insubstituível presença.

CARLOS ANTÔNIO BACCELLI

PEDRO LEOPOLDO VISTA POR
CHICO XAVIER — 1910 | 1959
49 ANOS DA PRESENÇA DO MAIOR MÉDIUM DE TODOS OS TEMPOS

O que o menino, o jovem e o adulto Chico Xavier vislumbrou em seus primeiros anos de experiências humanas e durante o desabrochar de suas faculdades mediúnicas a serviço do Cristo e da Doutrina dos Espíritos? O que teria o seu cândido olhar registrado pela retina da convivência e da saudade? Esse livro reúne extenso material inédito sobre o maior médium de todos os tempos, com fotografias e documentos recuperados, classificados e arquivados pelo memorialista pedroleopoldense Geraldo Leão, do Arquivo Geraldo Leão, e por Geraldo Lemos Neto, da Casa de Chico Xavier, que retratam principalmente o ambiente socioeconômico e cultural de Pedro Leopoldo dentro do período em que Chico Xavier lá residiu, desde o berço, em 1910, até a sua mudança definitiva para Uberaba, em 1959.

GERALDO LEÃO E GERALDO LEMOS NETO

CÉLIA LUCIUS, SANTA MARINA —
SEMELHANÇAS ENTRE AS BIOGRAFIAS CATÓLICAS E O ROMANCE
50 ANOS DEPOIS DE FRANCISCO CÂNDIDO XAVIER E EMMANUEL

CÉLIA LUCIUS, SANTA MARINA é a revivescência da vida daquela que Chico Xavier | Emmanuel descreveram no romance *50 anos depois* como *"o lírio que nasceu do lodo das paixões do mundo para perfumar a noite da vida terrestre"* e que a igreja católica canonizou no século V. Aqui, por meio do minucioso e irrefutável estudo biográfico realizado por Flávio Mussa Tavares, filho do saudoso Clóvis Tavares, de Campos | RJ, o leitor se deparará com diversos relatos sobre Célia, confirmando a veracidade da narrativa do médium mineiro nos idos dos anos 40, tal qual previra Emmanuel no prefácio da obra referenciada. Para os espíritas, a consolidação da interexistência de Chico no desdobramento do labor mediúnico a benefício da difusão da Doutrina e sua prática evangelizadora, exemplificando o amor e a humildade legitimamente cristãos. Para os demais, uma reflexão sobre as lutas transitórias da vida física e a realidade além-túmulo — a verdadeira vida de todos nós.

FLÁVIO MUSSA TAVARES

ISABEL —
A MULHER QUE REINOU COM O CORAÇÃO

Dois dias após psicografar as primeiras das milhares de páginas através das quais o mundo espiritual se comunicou por seu intermédio, Chico Xavier manteve um revelador encontro com uma ilustre senhora que lhe mudaria o curso de vida. Era D. Isabel de Aragão, mais conhecida como Rainha Santa Isabel, a célebre rainha de Portugal, para sempre associada ao milagre da transformação do pão em rosas. Embora em circunstâncias e contextos distintos, ambos experimentaram o poder, a riqueza, a fama e a adoração, contudo, optaram por viver uma intensa vida interior feita de humildade, perdão, tolerância, paciência, compaixão e caridade como expressões do amor. Esse trabalho avança para além da vida de Isabel de Aragão, apresentando outras duas figuras históricas: Santa Isabel da Hungria e Isabel de Portugal, duquesa da Borgonha. Colocadas as narrativas das vidas das três personagens lado a lado, emergem repetições e similitudes, nas quais encontramos a essência da reencarnação. Obviamente, caberá a cada leitor fazer o seu juízo de valor perante os fatos, porém, no conjunto das três, verificamos como uma personalidade se desenvolve e se amplia nas ações meritórias, exemplificando-se o progresso próprio e incessante pela condição moral que apresenta, pois sendo as almas iguais pela filiação são diferentes pela consciência espiritual que revelam. Segundo testificou o próprio Chico sobre D. Isabel de Aragão, *"ela é um dos gênios espirituais protetores da raça luso-brasileira em diversas partes do mundo para que os povos luso-brasileiros conservem a fraternidade cristã que Jesus nos legou"* (Adelino da Silveira, *Chico, de Francisco*, CEU).

MARIA JOSÉ CUNHA

ERA UMA VEZ PARA SEMPRE

Voltado à evangelização infanto-juvenil, esse livro é um compêndio de mensagens de graciosa narrativa, que enfeixa os ensinamentos do Cristo sob a ótica do Espiritismo, correlacionados a diversos assuntos de ordem espiritual e humana. Suas personagens principais — crianças sedentas de amor e de conhecimento — encantam pela perseverança no bem, sempre amparadas pela nobre e sábia Vovó Angel, que, como o próprio nome já diz, é um anjo do Senhor em suas vidas de aprendizado rumo à luz.

PELO ESPÍRITO BLANDINA
PSICOGRAFIA DE CARLOS MALAB

EVANGELHO PURO,
PURO EVANGELHO —
NA DIREÇÃO DO INFINITO

Seguidor inconteste da Boa Nova do Cristo, e espírita em sua mais pura essência filosófica, Martins Peralva deixou para os estudiosos da Doutrina textos de iluminada sabedoria e reflexão, que foram reunidos no livro *Evangelho puro, puro Evangelho — Na direção do Infinito*, organizado por Basílio Peralva, e que a Vinha de Luz Editora trouxe a lume numa homenagem ao centenário de nascimento do *médium do século*, Francisco Cândido Xavier (1910|2010). A obra, que congrega artigos publicados na imprensa de 1945 a 1999, é indispensável ao homem de boa vontade, abordando temas imprescindíveis a todos os corações que jornadeiam rumo ao progresso espiritual.

MARTINS PERALVA
ORGANIZAÇÃO DE BASÍLIO PERALVA

RÉSTIA DE LUZ

Primeiro livro editado pela Vinha de Luz Editora, lançado por ocasião do bicentenário de Allan Kardec (1804 | 2004) e dos 140 anos da primeira edição de *O Evangelho Segundo o Espiritismo* (1864 | 2004). Traz mensagens recebidas de espíritos diversos, psicografadas pelo médium Geraldo Lemos Neto, que interpretam as lições de *O Evangelho Segundo o Espiritismo*, nos indicando os caminhos mais certos da vida no permanente convite de nosso Mestre e Senhor Jesus.

ESPÍRITOS DIVERSOS
PSICOGRAFIA DE GERALDO LEMOS NETO

IGNÁCIO DE ANTIOQUIA

Uma viagem ao tempo da simplicidade e da pureza do Cristianismo, em sua mais bela e genuína expressão. Obra mediúnica repleta de episódios históricos do Cristianismo primitivo, que resgata para a memória da humanidade a vida e a trajetória de um dos seguidores mais valorosos de nosso Senhor Jesus Cristo.

PELO ESPÍRITO THEOPHORUS
PSICOGRAFIA DE GERALDO LEMOS NETO

Departamento Editorial da Casa de Chico Xavier
Av. Álvares Cabral, 1777 — 20º andar — Sala 2006
Santo Agostinho | 30170-001 | Belo Horizonte | MG
(31) 2531-3200 | 2531-3300 | 3517-1573

www.vinhadeluz.com.br
informacoes@vinhadeluz.com.br

www.casadechicoxavier.com.br
informacoes@casadechicoxavier.com.br

Este livro foi composto em tipologia Zapf Humanist, corpo 12, predominantemente.
Capa impressa em papel Supremo 300g e miolo impresso em Pólen Soft 70g.
Lis Gráfica e Editora Ltda. | Guarulhos | São Paulo

www.ingramcontent.com/pod-product-compliance
Lightning Source LLC
Chambersburg PA
CBHW071751120626
46550CB00002B/752